deut

Marion Techmer

Wortschatz Grundstufe

A1 bis B1

Hueber Verlag

ist eine Reihe von Übungsbüchern im kleinen Format für schnelles und bequemes Üben für zu Hause und unterwegs. Mit den Taschentrainern werden Grammatik und Wortschatz in authentischen Situationen wiederholt, gefestigt und vertieft. Die Reihe ist optimal für das Selbststudium geeignet.

| 3. 2. 1. | Die letzten Ziffern |
| 2011 10 09 08 07 | bezeichnen Zahl und Jahr des Druckes. |

Alle Drucke dieser Auflage können, da unverändert,
nebeneinander benutzt werden.
1. Auflage
© 2007 Hueber Verlag, 85737 Ismaning, Deutschland
Redaktion: Hans Hillreiner, Hueber Verlag, Ismaning; Dr. Lilli Brill, München
Beratung: Schweizer Varianten: Jeannine Allemann,
           österreichische Varianten: Christine Elkner
Umschlaggestaltung: Parzhuber und Partner, München
Zeichnungen: Irmtraud Guhe, München
Layout und Satz: Birgit Winter, München
Druck und Bindung: Ludwig Auer GmbH, Donauwörth
Printed in Germany
ISBN 978-3-19-057493-3

Inhalt

Liebe Deutschlernende,

deutsch üben Taschentrainer Wortschatz Grundstufe ist ideal für das schnelle und bequeme Lernen zwischendurch. Das kleine, handliche Format passt in jede Tasche. So können Sie jederzeit zu Hause oder unterwegs Übungen machen.

Im Taschentrainer Wortschatz Grundstufe finden Sie

- 222 **Übungen** zur Wiederholung und Vertiefung des wichtigsten Grundstufenwortschatzes bis zur Stufe **B1** ,
- zusätzliche Übungen für die Stufe **B2**,
- authentische **Kontexte**, **Situationen** und **Textsorten** für Alltag, Schule und Beruf,
- **österreichische** und **Schweizer Varianten**,
- einen übersichtlichen **Lösungsteil** zur Selbstkontrolle.

Der vorliegende Taschentrainer ist auf der Basis des Wortschatzes für die Niveaustufen A1 bis B2 des *Gemeinsamen Europäischen Referenzrahmens* konzipiert.

Er ist bestens zur Selbstevaluation geeignet, um zu testen, was man gut oder weniger gut beherrscht.

Viel Spaß mit Ihrem Taschentrainer!

Autorin und Verlag

A. Personalien

A1 Anmeldeformular

Ergänzen Sie.

> Geburtsdatum • Straße • Hausnummer • ~~Name~~ • Postleitzahl
> Vorname • Wohnort • Staat • E-Mail • Pass-Nummer
> Telefonnummer

Hotel Seeblick

Anreise: 19.4.2008   Abreise: 23.4.2008

Müller   Eva

① _____Name_____   ② _____

29.04.84

③ _____

Giselasstr.   104

④ _____   ⑤ _____

81739   München

⑥ _____   ⑦ _____

Deutschland   9502408681

⑧ _____   ⑨ _____

089/739665   eva.müller@web.de

⑩ _____   ⑪ _____

A2 Wie ist Ihr Name?

Ordnen Sie zu.

1. Entschuldigung, wie ist Ihr Name?
2. Wie heißt du?
3. Wer ist Frau Stix?
4. Guten Tag, ich heiße Umbreit.
5. Sind Sie Frau Holzhausen?
6. Darf ich vorstellen, das ist Frau Hernan.

a. Ja, das bin ich.
b. Guten Tag, Rau.
c. Mein Name ist Brill, Eva Brill.
d. David.
e. Freut mich, mein Name ist Smith.
f. Das bin ich.

1	2	3	4	5	6
c					

A3 Angaben zur Person

Was passt nicht?

1. Familienstand: ledig – verheiratet – ~~verliebt~~ – geschieden
2. Telefon: Vorwahl – Postleitzahl – Durchwahl – Telefonnummer
3. Adresse: Straße – Weg – Fax – Gasse – Platz
4. Name: Geburtsname – Vorname – Nachname – Familienstand
5. Geburtsdatum: Tag – Monat – Jahr – Geburtsort
6. Geschlecht: männlich – weiblich – verwandt

A

A4 Fragen zur Person

Ergänzen Sie. Achten Sie bei Verben auf die korrekte Form.

> Geburtsort • Muttersprache • Beruf • wohnen • Adresse • ~~kommen~~
> Tochter • geboren • Sprachkenntnisse • buchstabieren • Jahre
> Familienname • alt • leben • Kinder

1. ● Woher _kommen_ Sie? ◆ Ich komme aus der Türkei, aber ich
   _____ seit zwölf Jahren in Deutschland.
2. ● Wie _____ ist Ihr Sohn? ◆ Er ist fünf _____ alt.
3. ● Wie ist Ihre _____? ◆ Ich _____ im Märchenweg 5,
   81739 München.
4. ● Ich heiße Yilmaz Sariisik. ◆ Ist Sariisik der _____?
   ● Ja.
5. ● Was sind Sie von _____? ◆ Ich bin Programmierer.
6. ● Welche _____ haben Sie? ◆ Ich spreche Deutsch
   und Französisch. Meine _____ ist Englisch.
7. ● Mein Name ist Azizpour. ◆ Können Sie das bitte _____?
8. ● Wann sind Sie _____? ◆ Am 29.4.1974.
9. ● Haben Sie _____? ◆ Ja, ich habe eine _____. Und Sie?
   ● Ich habe zwei Kinder, zwei Söhne.
10. ● Was ist ihr _____? ◆ Istanbul.

A5 Land und Leute

Ergänzen Sie.

1.	Griechenland	_der Grieche_ / die Griechin
2.	Österreich	der Österreicher / _____
3.	_____	der Pole / die Polin
4.	die Türkei	_____ / die Türkin
5.	_____	der Russe / die Russin
6.	Finnland	_____ / die Finnin
7.	_____	der Schwede / die Schwedin
8.	Portugal	der Portugiese / _____
9.	_____	der Brasilianer / die Brasilianerin
10.	Argentinien	_____ / die Argentinierin

A6 Woher kommt er?

Ergänzen Sie.

1.	die Türkei:	Er kommt aus	_der Türkei_ .
2.	die USA:	Sie kommen aus	_____ .
3.	Spanien:	Ihr kommt aus	_____ .
4.	die Schweiz:	Wir kommen aus	_____ .
5.	Indien:	Du kommst aus	_____ .
6.	der Iran:	Sie kommen aus	_____ .

A7 Vögel aller Länder

Ergänzen Sie die Länder, die Bewohner und die Staatsangehörigkeit.

> Frankreich • die Schweiz • Deutschland • die Niederlande
> Italien • Großbritannien • die USA • Japan

1. Er kommt aus _____Italien_____. Er ist _____Italiener_____.
   Seine Mutter ist _____Italienerin_____ und sein Vater _____Italiener_____.
   Staatsangehörigkeit: _____italienisch_____.

2. Er kommt aus _____. Er ist _____.
   Seine Mutter ist _____ und sein Vater _____.
   Staatsangehörigkeit: _____.

3. Er kommt aus _____. Er ist _____.
   Seine Mutter ist _____ und sein Vater _____.
   Staatsangehörigkeit: _____.

4. Er kommt aus _____. Er ist _____.
   Seine Mutter ist _____ und sein Vater _____.
   Staatsangehörigkeit: _____.

5. Er kommt aus _____. Er ist _____.
   Seine Mutter ist _____ und sein Vater _____.
   Staatsangehörigkeit: _____ .

6. Er kommt aus _____. Er ist _____.
   Seine Mutter ist _____ und sein Vater _____.
   Staatsangehörigkeit: _____.

7. Er kommt aus _____. Er ist _____.
   Seine Mutter ist _____ und sein Vater _____.
   Staatsangehörigkeit: _____.

8. Er kommt aus _____. Er ist _____.
   Seine Mutter ist _____ und sein Vater _____.
   Staatsangehörigkeit: _____.

A

A8 Länder und Städte
Ergänzen Sie.

1. Die Hauptstadt von _____China_____ ist Peking.
2. Die Hauptstadt von _____ ist Kopenhagen.
3. Die Hauptstadt von _____ ist Athen.
4. Die Hauptstadt von _____ ist Brüssel.
5. Die Hauptstadt von _____ ist Stockholm.
6. Die Hauptstadt von _____ ist Prag.
7. Die Hauptstadt von _____ ist Budapest.
8. Die Hauptstadt von _____ ist Helsinki.

A9 Wo gilt der Euro? Lesen Sie die Länder bei A11.
Welche Ländern der Europäischen Union haben den Euro als Währung?

1. B _elgie_ en
2. D_____d
3. F_____d
4. F_____ch
5. G_____d
6. I___d
7. I____n
8. L____g
9. N_____e
10. Ö_____h
11. P____l
12. S____n

A10 Kontinente
Wie heißen die fünf Kontinente?

Aus – Eu – Ame – Asi – ~~Af~~ – tra – en – ~~ri~~ – ri – ro – ka – ~~ka~~ – pa – en – li

Afrika, _____

A11 Europäische Union

Wie heißen die Mitgliedsstaaten der Europäischen Union?

> Slowenien • Bulgarien • Estland • Deutschland • Tschechien
> Finnland • Luxemburg • ~~Belgien~~ • Großbritannien • Irland
> Österreich • Lettland • Litauen • Frankreich • Malta • Niederlande
> Griechenland • Polen • Portugal • Rumänien • Schweden
> Slowakei • Dänemark • Spanien • Italien • Ungarn • Zypern

Stand 2007

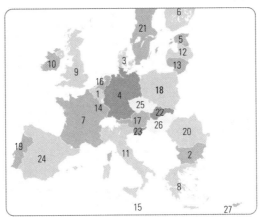

1. Be*lgie*n
2. Bu____ien
3. Dä____rk
4. Deu_____nd
5. Est___d
6. Fi___nd
7. Fr___reich
8. Gr____land
9. Gr_____nnien
10. I___nd
11. Ita____n
12. Lettl___d
13. Lit_____en
14. Lux___urg
15. M__ta
16. Nie_____nde
17. Öste____ch
18. P___n
19. Po_____al
20. Ru_____ien
21. Sch_____en
22. Slo_____ei
23. Slow_____n
24. Sp___ien
25. Tsch_____ien
26. Un___n
27. Zy___n

A12 Visum

Notieren Sie die Reihenfolge.

___ einreisen

___ ausreisen

_1._ die Adresse der Botschaft suchen

___ das Visum wird ausgestellt / das Visum bekommen

___ das Visum wird verlängert

___ das Visum läuft ab

___ zur Botschaft gehen

___ das Visum beantragen

A13 Einreise

Was passt nicht?

1. die Aufenthaltserlaubnis ist: gültig – abgelaufen – ~~weggelaufen~~
2. das Visum wird: verkürzt – ausgestellt – verlängert
3. an der Grenze: ausreisen – zureisen – einreisen
4. eine Arbeitsgenehmigung: erhalten – arbeiten – besitzen
5. den Pass/Personalausweis: vergessen – zeigen – verzollen
6. Asyl: erhalten – beantragen – verlieren

B. Informationen zur Person

B

B1 Familie und Verwandtschaft

Ergänzen Sie.

> Neffe • Cousine • Schwager • Tante • Nichte • Cousin
> Großmutter • ~~Onkel~~ • Schwiegereltern • Enkel

1. Der Bruder meines Vaters ist mein _____*Onkel*_____.

2. Die Schwester meiner Mutter ist meine _____.

3. Der Sohn meines Onkels ist mein _____.

4. Die Tochter meiner Tante ist meine _____.

5. Die Mutter meines Vaters ist meine _____.

6. Die Eltern meines Mannes sind meine _____.

7. Die Tochter meines Bruders ist meine _____.

8. Der Sohn meines Bruders ist mein _____.

9. Die Kinder meiner Kinder sind meine _____.

10. Der Bruder meines Mannes ist mein _____.

B2 Vater und Mutter

Ergänzen Sie die weiblichen Personen.

1. der Vater ↔ *die Mutter*

2. der Sohn ↔ _____

3. der Großvater ↔ _____

4. der Bruder ↔ _____

5. der Onkel ↔ _____

6. der Neffe ↔ _____

7. der Mann ↔ _____

8. der Junge ↔ _____

B3 Eltern und Kinder

Ergänzen Sie.

> Geschwister • Enkelkinder • Eltern • Verwandtschaft • Mutti
> ~~Oma~~ • Opa • Angehörigen • Baby

1. Unsere Kinder sind in den Osterferien immer bei _Oma_ und
   _____.

2. Die kleine Ute sucht ihre _____. Bitte kommen Sie an die
   Hauptkasse.

3. Ich habe keine _____, ich bin Einzelkind.

4. Toms Eltern sind über 60 und unglücklich, dass sie keine
   _____ haben.

5. Uli ist 50 und sagt zu seiner Mutter immer noch _____!

6. Zum 60sten Geburtstag hatte sie die ganze _____
   eingeladen.

7. Die Polizei informierte nach dem Unfall die _____.

8. Hurra, unser _____ ist da! Simon wurde am 18.7.2007 geboren.

B4 Prinz und Prinzessin

Nummerieren Sie die Reihenfolge im Märchen.

[7]	sich kennenlernen	☐	Kinder bekommen
☐	heiraten	☐	sich verlieben
☐	sich verloben	☐	sie lebten glücklich bis an ihr Lebensende

B5 Partnerschaft

Ergänzen Sie.

> Alleinerziehenden • Single • Kuss • Ehe • ledig • ~~Paar~~
> leben zusammen • Hochzeit

1. Seit wann sind Udo und Lea ein __Paar__?

2. Wir sind nicht verheiratet, aber wir _____ _____.

3. ● Sind Sie verheiratet? – ◆ Nein, ich bin _____.

4. Sie hat zwei Kinder aus erster _____.

5. Der Bräutigam gab der Braut einen _____.

6. Die Zahl der _____ nimmt zu.

7. Er ist vierzig und immer noch _____.

8. Auf der _____ trug die Braut ein langes, weißes Kleid.

B6 Glückwunschkarte

Welche Wörter schreibt man groß?

> sehr geehrter herr prof. dr. siebert,
> ich möchte ihnen ganz herzlich zu ihrem 40. geburtstag gratulieren.
> ich möchte ihnen alles gute wünschen, vor allem glück und
> gesundheit und weiterhin viel erfolg.
>
> mit herzlichen grüßen
> dr. manfred müller

B7 Brief an eine Freundin

Ergänzen Sie.

> Kollegen · Grüße · Freunde · Nachbarn · Jungen · Mitschüler
> ~~Entschuldigung~~ · Schulfreundin · Brief · Heimweh · Umzug

Liebe Kathrin,

(1.) Entschuldigung , dass ich Dir erst jetzt einen (2.) _____
schreiben kann. Es geht uns gut in Bonn. Der (3.) _____ hat gut
geklappt. Stell Dir vor, ich habe eine alte (4.) _____ aus dem
Gymnasium im Supermarkt getroffen. Unsere Tochter Tina war am
Anfang traurig, jetzt hat sie aber kein (5.) _____ mehr. Am
ersten Tag in der neuen Schule haben ihre (6.) _____ eine Party
für sie gemacht! Gut ist auch, dass wir nette (7.) _____ haben.
sie beschweren sich nicht gleich, wenn die (8.) _____ im
Garten laut Fußball spielen. Die Kinder haben auch schon (9.)
_____ in der Nachbarschaft gefunden. Meine (10.) _____
bei der Arbeit sind auch sehr nett.

Liebe (11.) _____ an die ganze Familie

Herzlichst Marion

B8 Einladungskarte

Nummerieren Sie die Sätze in der richtigen Reihenfolge.

Einladung zum

a. Lieber Philipp,

b. Dein *Simon*

c. Bitte gib mir Bescheid, ob Du kommen kannst.

d. Die Party beginnt um 15 Uhr und endet um 18 Uhr.

e. ich möchte Dich ganz herzlich zu meinem
   6. Geburtstag am 16.7. einladen.

 Simon Mayer, Marktstr. 12, 71522 Backnang, Tel. 07191/61419

1.	2.	3.	4.	5.
a				

B9 Wie ist er?

Ergänzen Sie das Gegenteil.

1. freundlich ↔ *unfreundlich*

2. _____ ↔ unhöflich

3. sympathisch ↔ _____

4. fleißig ↔ _____

5. _____ ↔ langweilig

6. geduldig ↔ _____

B10 Einladung

Ergänzen Sie. Achten Sie bei Verben auf die korrekte Form.

> kennenlernen • ausgezeichnet • sich bedanken • einpacken
> sich verabschieden • klingeln • winken • Grüße bestellen
> gratulieren • reinkommen • ~~leidtun~~ • Einladung

1. Es _tut_ mir _leid_, ich kann leider nicht zu deiner Party kommen. Ich habe am Wochenende eine Fortbildung.

2. Axel, es hat _____. Machst du bitte die Tür auf.

3. Guten Abend, _____ Sie doch _____.

4. Das ist meine Freundin Lilli, wir haben uns an der Uni

   _____.

5. Andrea muss schon fahren. Komm, wir _____ noch zum Abschied.

6. Schade, dass Ihre Frau nicht kommen konnte. _____ Sie ihr bitte _____ von mir.

7. Ich muss _____ noch von Frau Mayer _____ und _____ für das Geschenk _____.

8. Vielen Dank für die _____! Das Essen war wie immer _____!

9. Ich möchte dir ganz herzlich zum Geburtstag _____.

10. Weißt du, wo der Tesafilm ist? Ich muss noch das Geschenk

    _____.

11. Charaktereigenschaften

Ergänzen Sie.

> eingebildet • streng • fleißig • egoistisch • gerecht • nett
> sympathisch • stolz • distanziert • kalt • lieb • zuverlässig
> geduldig • geizig • neugierig

1. Mit der neuen Chefin komme ich nicht zurecht. Sie ist mir zu
   distanziert und k__t.

2. Wir sind mit dem Au-pair-Mädchen zufrieden: Es ist
   zu_____ig und sehr l__b zu den Kindern.

3. Susi glaubt, dass sie sehr hübsch und intelligent ist. Sie ist ganz
   schön ein_____et.

4. David mag seine Lehrerin. Sie schreit nie und ist sehr
   ge_____ig. Sie behandelt alle Schüler gleich und ist sehr
   ge_____cht.

5. Er ist wirklich g____ig. Obwohl er viel verdient, kauft er bei Aldi
   die billigsten Lebensmittel.

6. Bettina schreibt oft zwölf Stunden an ihrer Dissertation. Sie ist
   wirklich f____ig.

7. Er denkt nur an sich. Er ist eg_____isch.

8. Die alte Handarbeitslehrerin ist nicht beliebt. Sie ist st_____g
   und gibt viele schlechte Noten.

9. Peter ist sehr st____z auf seinen beruflichen Erfolg.

10. Seine Schwiegermutter ist ne_____ig. Sie liest heimlich private
    Briefe.

11. Unser Reiseleiter war sehr sy____tisch und n__tt.

C. Körper und Gesundheit

C

C1 Körperteile

Ergänzen Sie.

die Nase • das Knie • der Rücken • das Ohr • die Hand • der Kopf
die Brust • das Bein • das Auge • der Mund • der Arm
der Bauch • der Fuß • die Zähne (Pl.) • der Hals • der Zeh
die Schulter • die Haare (Pl.)

1. _der Kopf_   10. _____
2. _____   11. _____
3. _____   12. _____
4. _____   13. _____
5. _____   14. _____
6. _____   15. _____
7. _____   16. _____
8. _____   17. _____
9. _____   18. _____

C2 Das Auge, die Augen ...

Ergänzen Sie den Plural.

1. das Auge, _die Augen_   5. der Fuß, _____
2. das Ohr, _____   6. das Bein, _____
3. die Hand, _____   7. der Zahn, _____
4. das Haar, _____   8. der Finger, _____

C3 Organe

Ergänzen Sie.

> der Darm • das Herz • der Magen • ~~die Lunge~~ • die Leber

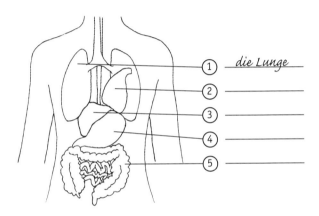

1. _die Lunge_
2. _____
3. _____
4. _____
5. _____

C4 Der Körper

Was passt nicht?

1. das Gesicht: das Auge – ~~das Blut~~ – das Kinn – die Lippe

2. das Bein: das Knie – der Fuß – der Zeh – der Mund

3. die Hand: der Finger – der Daumen – der Po – der Fingernagel

4. die Organe: das Herz – die Lunge – der Magen – der Zeh

C

C5 Rotkäppchen

Ergänzen Sie.

> riechen • fressen • ~~sehen~~ • packen • hören

1. ● „Großmutter, was hast du für große Augen?"
   ◆ „Damit ich dich besser _sehen_ kann."

2. ● „Großmutter, was hast du für große Ohren?"
   ◆ „Damit ich dich besser _____ kann."

3. ● „Großmutter, was hast du für eine große Nase?"
   ◆ „Damit ich dich besser _____ kann."

4. ● „Großmutter, was hast du für große Hände?"
   ◆ „Damit ich dich besser _____ kann."

5. ● „Großmutter, was hast du für ein großes Maul?"
   ◆ „Damit ich dich besser _____ kann."

Zeichnung: Ludwig Richter (1803-1884)

C6 Im Auto

Ergänzen Sie. Achten Sie bei Verben auf die korrekte Form.

> warm • Pause • D̶u̶r̶s̶t̶ • Parkplatz • schwitzen • mal müssen
> angenehm • Rucksack • frieren • Hunger • Klo • kalt
> Klimaanlage • heiß

◆ Mama, ich hab (1.) _Durst_ .

● Die Trinkflasche ist in deinem (2.) _____.

◆ Mama, ich hab (3.) _____

● Wir machen gleich (4.) _____ und essen was.

◆ Mama, ich (5.) _____.

● Wir halten am nächsten (6.) _____ mit Toilette.

◆ Ich muss aber ganz dringend aufs (7.) _____!

...

◆ Machst du die Klimaanlage an. Ich (8.) _____.

● Es ist doch gar nicht so heiß.

◆ Doch mir ist viel zu (9.) _____.

● Wenn es mal ein bisschen (10.) _____ ist, muss man doch

nicht gleich die (11.) _____ anmachen.

...

◆ Machst du die Klimaanlage wieder aus. Ich (12.) _____.

● Mir ist es nicht zu (13.) _____. Ich finde es (14.) _____.

C7 Koffer packen

Ergänzen Sie. Achten Sie bei Verben auf die korrekte Form.

> Sonnencreme • Wäsche • kämmen • Waschlappen • Zahnpasta
> Kamm • Shampoo • ~~Kulturbeutel~~ • Taschentücher (CH: Nastücher)
> Handtuch • duschen • putzen • wechseln • schmutzig
> waschen • Zahnbürste • Seife • föhnen

● Hast du schon deinen (1.) Ku _lturbeut_ el gepackt?

◆ Nee, was soll ich denn einpacken?

● (2.) Z_____e, (3.) Z_____a, (4.) K___m, (5.) S___e und
   (6.) Sh____oo natürlich. Und nimm auch (7.) S_____e und ein
   paar Packungen (8.) T_____er mit. Das (9.) H_____ch und
   die drei (10.) W_____en müssen auch noch in den Koffer.

◆ Ja, Mama.

● Und (11.) w____ auch deine Haare, wenn du (12.) d____st. Und
   (13.) f___n dann die Haare, du erkältest dich sonst. Und vergiss
   nicht, die Zähne zu (14.) p___en und dich auch mal zu (15.)
   k____n. Und (16.) w____e jeden Tag die Unterhose ...

◆ Mamaaa, ich mach schon ...

● Das letzte Mal hast du fast die ganze (17.) W____e wieder sauber
   mitgebracht.

◆ Ich hab die Klamotten nicht gewechselt, weil sie nicht (18.)
   sch____ig waren!

● Naja ...

C8 Beim Friseur

Was passt nicht?

1. Der Friseur (CH: Coiffeur) benutzt: einen Föhn – ~~ein Duschgel~~ – eine Schere – eine Bürste

2. Die Haare kann man: schminken – schneiden – waschen – föhnen

3. Beim Friseur sagt man: ich möchte Strähnchen – ich möchte ein Bad nehmen – ich möchte eine Tönung

4. Beim Friseur sagt man: bitte keinen Rasierschaum – bitte kein Haarspray – bitte kein Haargel

C9 Körperpflege und Hygiene

Ergänzen Sie.

> Drei-Tage-Bart · Parfüm · Kondome · Tampons · waschen
> Rasierklingen · ~~Toilettenpapier~~ · rasieren · Deo
> Taschentücher (CH: Nastücher) · Damenbinden

1. Mist, hier gibt es kein T*oilettenpapi*er. Hast du
   T_____er dabei?

2. In der Drogerie kann man T_____s, D_____en und
   K_____e kaufen.

3. Man darf D___ und P___m nicht mehr im Handgepäck im
   Flugzeug mitnehmen.

4. R_____en finden Sie vorne an der Kasse.

5. Vor dem Essen Hände w____en!

6. Du siehst furchtbar aus mit dem Dr_____t. Kannst
   du dich nicht mal r____en!

C10 Wie geht´s dir?

Ergänzen Sie.

> Gut, danke. • ~~Sehr gut, danke!~~ • Sehr schlecht! • Schlecht.
> Es geht so.

1. _Sehr gut, danke!_

2. _____

3. _____

4. _____

5. _____

C11 In der Arztpraxis

Ergänzen Sie.

> Praxisgebühr • Quittung • Wartezimmer • Quartal
> Versicherungskarte • ~~Termin~~

● Guten Morgen. Ich habe einen (1.) _Termin_ um neun Uhr.

◆ Guten Morgen, Herr Dix. Waren Sie in diesem (2.) _____ schon bei uns?

● Nein, noch nicht.

◆ Dann brauche ich bitte Ihre (3.) _____ und 10 Euro für die (4.) _____. ... Hier ihre (5.) _____.

● Danke.

◆ Nehmen Sie bitte kurz im (6.) _____ Platz?

C12 Was fehlt Ihnen denn?

Ergänzen Sie. Achten Sie bei Verben auf die korrekte Form.

> sich ausruhen • verschreiben • Oberkörper • zu Ende nehmen
> Fieber • Krankmeldung • gute Besserung • Halsschmerzen • Grad
> ~~fehlen~~ • Beschwerden • Tablette • krankschreiben

- So Herr Dix. Was (1.) _fehlt_ Ihnen denn?

◆ Ich habe starke (2.) _____.

- Wie lange haben Sie die (3.) _____ schon?

◆ Eine Woche.

- Haben Sie (4.) _____?

◆ Ja, heute Morgen 39 (5.) _____.

- Öffnen Sie bitte mal Ihren Mund. ... Machen Sie bitte Ihren (6.)
  _____ frei. ... Sie haben eine Mandelentzündung. Ich
  muss Ihnen ein Antibiotikum (7.) _____. Nehmen Sie
  zweimal täglich eine (8.) _____ vor den Mahlzeiten.

◆ Ich brauche eine (9.) _____.

- Ich (10.) _____ Sie zehn Tage _____. Sie müssen (11.)
  _____ unbedingt _____, Herr Dix. Und Sie wissen ja, dass
  Sie das Antibiotikum (12.) _____ müssen,
  auch wenn Sie keine Beschwerden mehr haben.

◆ Ja, das weiß ich.

- Dann (13.) _____, Herr Dix!

◆ Vielen Dank.

C13 Beim Arzt

Ergänzen Sie. Achten Sie bei Verben auf die korrekte Form.

> Sprechstunde (A: Ordination) • einatmen • verschreiben
> Überweisung • abhören • Tropfen • ~~Krankenversicherung~~ • weh
> Impfung • verstaucht

1. Bei welcher K_rankenversicheru_ng sind Sie versichert?

2. Ich möchte Sie ab____en, machen Sie bitte ihren Oberkörper frei.

3. Ich ver_____e Ihnen etwas gegen die Schmerzen.

4. Wann war Ihre letzte I____ng gegen Tetanus?

5. Wo tut es Ihnen w___?

6. A____en Sie bitte einmal tief e___.

7. Ich schreibe Ihnen eine Ü_____ng für den HNO-Arzt.

8. Bitte kommen Sie nächste Woche noch einmal zur Kontrolle in die Sp_____e.

9. Der Fuß ist nicht gebrochen, er ist ver_____t.

10. Sie müssen die T____en nach den Mahlzeiten einnehmen.

C14 Schwangerschaft und Geburt

Ergänzen Sie.

> behindert • Krankenhaus • Zwillinge • Geburt • adoptieren
> ~~schwanger~~ • entbinden

1. Tina ist im sechsten Monat _schwanger_ und hat einen dicken Bauch.
2. Weil Reiner und Lea keine Kinder bekommen können, möchten sie ein Kind _____.
3. Kathrin will zur Geburt nicht ins _____. Sie will zu Hause _____.
4. Das Kind hat bei der _____ zu wenig Sauerstoff bekommen und ist deshalb _____.
5. Eineiige _____ sehen sich sehr ähnlich.

C15 Was hast du denn?

Ergänzen Sie. Achten Sie bei Verben auf die korrekte Form.

> schlecht werden • Durchfall • Gesundheit • brechen • Schnupfen
> Husten • allergisch • ~~Grippe~~

1. Ich liege mit einer schweren _Grippe_ im Bett.
2. Ich bin stark erkältet. Ich habe _____ und _____.
3. Sie ist _____ gegen Katzenhaare.
4. Wenn jemand niest, sagt man: „_____!"
5. Wir können nicht kommen. Lea hat einen Virus, sie hat schlimmen _____ und hat die ganze Nacht _____.
6. Setz dich nach vorne, dir _____ es doch beim Autofahren immer _____.

16 Verletzungen und Unfälle

Ergänzen Sie. Achten Sie bei Verben auf die korrekte Form.

> herunterstürzen • bluten • verletzen • sich schneiden • Wunde
> ~~sich brechen~~ • Unfall • sich verbrennen

1. Thomas ist vom Fahrrad gefallen und hat ___*sich*___ den Arm
   ___*gebrochen*___.
2. Simon hat ____ mit dem Taschenmesser in den Finger
   _____.
3. Bei dem _____ wurde Gott sei Dank niemand _____.
4. Die _____ hört nicht auf zu _____, ich muss einen Verband
   machen.
5. Vor den Herdplatten ist eine Kindersicherung, damit die Kinder
   _____ nicht die Finger _____.
6. Der alte Mann ist die Treppe _____.

17 In der Apotheke

Ergänzen Sie.

> Tropfen • Tabletten • Spray • Pille • Salbe • ~~Medikament~~ • Pflaster

1. Wir haben das ___*Medikament*___ leider nicht vorrätig. Wir müssen
   es bestellen.
2. Frauen, die mit der _____ verhütet, sollten nicht rauchen.
3. Ich habe mich geschnitten, hast du mir ein _____.
4. Bitte tragen Sie die _____ einmal täglich auf die Wunde auf.
5. Sie hatte immer ein _____ gegen Asthma in der Handtasche.
6. Wir haben von diesen _____ nur die kleine Packung.
7. Das Baby hatte Schnupfen und bekam _____ für die Nase.

C18 Rauchen

Ergänzen Sie.

anzünden • süchtig • Feuer • Feuerzeug • Zigarette • Rauchen
verboten • Nichtraucherflüge • Packung • Aschenbecher

1. ● Darf ich Ihnen eine _Zigarette_ anbieten? ◆ Nein danke, ich
   rauche nicht.
2. ● Ich möchte Sie darauf hinweisen, dass unsere Inlandsflüge
   _____ sind und dass das _____ auch auf den
   Toiletten strengstens verboten ist.
3. ● Entschuldigung, hast du mir _____, ich habe mein
   _____ verloren.
4. ● Können Sie mir bitte einen _____ bringen? ◆ Nein, tut
   mir leid. Hier ist Rauchen _____.
5. ● Schau mal, auf jeder _____ Zigaretten gibt es eine
   Warnung, dass das Rauchen schädlich ist. ◆ Das gibt es doch
   schon lange!
6. ● Sie ist keine Gelegenheitsraucherin, sondern _____! Alle
   paar Minuten muss sie sich eine Zigarette _____.

D. Wahrnehmung und Aktivitäten

D1 Sehen und schauen

Ergänzen Sie. Achten Sie bei Verben auf die korrekte Form.

> ~~sehen~~ • schauen • hinschauen • merken • bemerken • blind

1. Es ist so dunkel, man kann die Hand nicht vor den Augen
   sehen .

2. Seit einer Augenkrankheit sieht Nadine nur noch wenig, sie ist
   fast _____.

3. Erst links und dann rechts _____, dann wieder links, und
   wenn kein Auto kommt, dann die Straße überqueren.

4. Ich kann nicht _____, wenn mir Blut abgenommen wird.

5. Wenn man an einer Melone riecht, kann man _____, ob sie
   reif ist.

6. Ich habe nicht _____, dass mir mein Geldbeutel gestohlen
   wurde.

D2 Zuschauen und wegschauen

Ergänzen Sie weg-, zu-, auf- oder an- (2-mal).

1. Wir wollen in den Berliner Zoo und uns Knut _an_gucken!

2. Ich will das Spiel Bayern München gegen VFB Stuttgart ___schauen

3. Axel möchte gerne ___schauen, wenn David ein Handballturnier ha

4. Als mein Kind am Kinn genäht wurde, musste ich ___schauen.

5. Kannst du kurz auf Simon ___passen, ich muss David zum Handba
   fahren.

D3 Hören und verstehen

Ergänzen Sie die Verben in der korrekten Form.

> hören • anhören • zuhören • hinhören • verstehen • rufen

1. Die musst dir die neue CD von Tokio Hotel _anhören_ !

2. Hörst du wie der Kuckuck _____?

3. Christa _____ dich nicht, wenn du nicht lauter sprichst.

4. _____ du mal bitte ___, wenn man dir was sagt?

5. Wenn du genau _____, hörst du, wie die kleinen Vögel im Nest schreien.

6. Ich habe die ganze Nacht die Kuhglocken läuten _____.

D4 Fühlen, schmecken, riechen

Wie heißt das Wort?

1. Babys entdecken die Welt, indem sie alles (sfanasen) _anfassen_ .

2. Überall stehen Schilder: Bitte nicht (hrbeüren) _____.

3. Der Kuchen ist lecker, den musst du (riepobren) _____.

4. Das Parfüm (tchrie) _____ aber gut!

5. Igitt, hier (nkstit) _____ es nach Abgasen!

6. (Flhü) _____ mal, wie weich der Stoff ist.

7. (Süstpr) _____ du, wie das kleine Häschen vor Angst zittert.

8. Das Essen in unserer Kantine (mckschet) _____ sehr gut.

D5 Sich bewegen

Ergänzen Sie die Verben in der korrekten Form.

laufen • springen • sich bewegen • gehen • hüpfen • ~~bücken~~
rennen • wandern

1. Sie hat Rückenschmerzen und kann sich nicht gut _bücken_.

2. Die Teilnehmer des Marathons sind durch das Brandenburger Tor
   _____.

3. Die Kinder _____ zu Fuß zur Schule.

4. Am Wochenende fahren wir oft in die Berge und _____.

5. Ich habe Angst, dass der bissige Hund über den Zaun _____.

6. Ich bin die ganze Zeit am Schreibtisch gesessen, jetzt muss ich
   _____ mal _____.

7. In Australien ist vor unserem Auto ein Känguru über die Straße
   _____.

8. Der Autofahrer erschrak, als plötzlich ein Reh über die Straße
   _____.

D6 Was kann man tun?

Was passt nicht?

Man kann ...
1. ... einen Ball werfen – fangen – ~~hängen~~ – festhalten
2. ... eine Tür winken – öffnen – aufhalten – schließen
3. ... ein Papier wegschmeißen – aufheben – ausmachen – fallen lass:
4. ... ein Taschentuch wegwerfen – mischen – benutzen – mitnehme
5. ... eine Flasche schütteln – öffnen – aufkleben – ausleeren

D7 Beim Abendessen

Ergänzen Sie die Verben in der korrekten Form.

> essen • machen • benutzen • einschenken • geben
> bringen • nehmen • ~~decken~~ • aufpassen • sich schneiden
> holen • abschneiden • gießen • treten • abwischen
> kontrollieren • schießen

◆ (1.) D_eck_t ihr bitte den Tisch. Und Tim, (2.) h__st du bitte Apfelsaft aus dem Keller und (3.) b____g Jan auch ein Bier mit.

...

● Mama, ich will die Wurst selber (4.) ab_____n?

◆ Ja, pass aber auf, dass du (5.) _____ nicht sch____st.

◆ (6.) G__st du mir bitte das Brot? ... Tim, hast du die Hausaufgaben alle (7.) ge____t?

● Ja, und Mama hat sie auch schon (8.) k_____t. Ich habe auch vier Tore in der Schule (9.) ge_____en.

◆ So viele! Ja, prima.

◆ Moritz, (10.) n__m auch Brot und nicht nur Wurst.

● Ich will mir selber Saft (11.) ei_____en.

◆ Ja, (12.) p____ aber a__, du (13.) g____t schon wieder danebеn. ... Tim, (14.) be____t du bitte eine Serviette. Du hast schon wieder den Mund am Ärmel (15.) ab_____t.

● Moritz (16.) t__tt mich unter dem Tisch.

◆ Kann man abends nicht mal in Ruhe (17.) e__en ...

D

D8 Wo liegt meine Brille?

Ergänzen Sie die Verben in der korrekten Form.

> sitzen • Platz nehmen • stellen • aufstehen • ~~liegen~~
> sich hinlegen • legen (2-mal) • hängen (2-mal) • sich setzen
> stehen • stecken (2-mal)

1. Wo _liegt_ bloß mein Brille?

2. Er _____ sein Portemonnaie immer in die Hosentasche.

3. _____ du mir bitte die Unterlagen auf den Schreibtisch?

4. Ich habe die Jacke an die Garderobe _____. Sie hat eben noch dort _____, jetzt ist sie weg.

5. Sie hat die Reiseführer in das Regal _____.

6. Opa ist müde. Er möchte _____ einen Moment _____.

7. ◆ Wohin darf ich _____ _____? ● _____ Sie doch bitte neben meinem Mann _____.

8. Entschuldigen, Sie müssen leider _____. Der Platz ist reserviert.

9. Der Zug war total voll. Ich musste die ganze Fahrt über _____.

10. Auf dem Baum _____ ein Papagei.

11. Wohin habe ich bloß wieder das Handy _____.

12. Der Haustürschlüssel hat die ganze Zeit im Schloss _____.

E. Wohnen und Hausarbeit

E1 So kann man wohnen

Ergänzen Sie. Achten Sie bei Verben auf die korrekte Form.

> Altersheim • Wohnung • Pflegeheim • Garten • Apartments
> ausziehen • Haus • Studentenwohnheim • ~~wohnen bei~~
> Zimmer • Wohngemeinschaft • zu Hause

Lucia (1.) w_ohn_t noch b_ei_ ihren Eltern, weil sie im (2.)
St_____m kein Zimmer bekommen hat. Gerne würde
sie von (3.) z__ H____e (4.) a_____en, aber die Mieten für (5.) Z____r
und (6.) A_____s sind in Hamburg sehr hoch. Sie versucht
jetzt, ein Zimmer in einer (7.) W_____t zu finden.

Frau Mayer ist 79 Jahre alt und lebt allein in ihrem (8.) H___s. Sie
möchte nicht in eine (9.) W_____g umziehen. Sie kümmert sich um
ihrer (10.) G___en. Auf keinen Fall möchte sie ins (11.) Al_____m
umziehen. Sie hofft, dass sie auch nie in ein (12.) Pf_____m muss.

> Terrasse • Erdgeschoss • Hof • Stock • Nähe • Tiefgarage
> Keller • Lage • Balkon • Eigentumswohnung

Familie Dill wohnt in einer 4-Zimmer-Wohnung. Die (13.) L____e der
Wohnung ist gut, man kann zu Fuß einkaufen und die U-Bahn ist in
der (14.) N_____e. Die Wohnung liegt im (15.) 5. St__ck und hat einen
kleinen (16.) B_____n. Die Kinder können im (17.) H__f spielen.

Frau Weißer hat sich eine (18.) Ei_____ng gekauft. Die
Wohnung liegt im (19.) E_____ss und hat eine (20.)
T_____e und einen kleinen Garten. Zur Wohnung gehört auch
ein Platz in der (21.) T_____e und ein kleiner (22.) K___ler.

E2 Ein Haus

Ergänzen Sie.

> _das Dach_ • das Arbeitszimmer • das Wohnzimmer (A: die Stube)
> der Kamin • das Bad • der Schornstein • das Gästezimmer
> das Kinderzimmer • das Treppenhaus (A: das Stiegenhaus)
> die Küche • die Toilette • die Treppe • der Keller
> der Hobbyraum • das Schlafzimmer

Dachgeschoss:	1. _das Dach_	2. _____
	3. _____	4. _____
1. Stock:	5. _____	6. _____
	7. _____	8. _____
Erdgeschoss:	9. _____	10. _____
(CH: Parterre)	11. _____	12. _____
	13. _____	
Keller:	14. _____	15. _____

E3 Möbel im Wohnzimmer

Ordnen Sie zu.

> der Vorhang • der Tisch • der Sessel (CH: der Fauteuil)
> der Teppich • das Sofa / die Couch • das Regal • ~~der Fernseher~~
> das Bild • die Pflanze • die Lampe • das Klavier •
> die Vase • das Kissen • die Katze

1. *der Fernseher* 2. _____ 3. _____

4. _____ 5. _____ 6. _____

7. _____ 8. _____ 9. _____

10. _____ 11. _____ 12. _____

13. _____ 14. _____

E4 Der Stuhl, die Stühle ...

Ergänzen Sie den Plural.

1. der Tisch, _die Tische_   5. die Lampe, _____
2. der Teppich, _____   6. das Bett, _____
3. der Sessel, _____   7. der Schrank, _____
4. das Bild, _____   8. das Sofa, _____

E5 Die Küche

Ordnen Sie zu.

der Herd • die Spüle (A: die Abwasch) • die Spülmaschine
die Uhr • die Kaffeemaschine • die Mikrowelle • der Kühlschrank
das Geschirr • der Wasserhahn

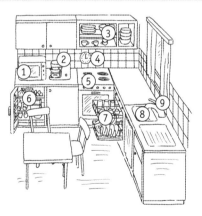

1. _die Mikrowelle_ 4. _____ 7. _____
2. _____   5. _____ 8. _____
3. _____   6. _____ 9. _____

E6 Das Bad

Ordnen Sie zu.

> der Spiegel • das Waschbecken (CH: das Lavabo) • die Badewanne
> die Dusche • das Handtuch • das Toilettenpapier • die Zahnbürste
> die Badeente • die Toilette / das Klo

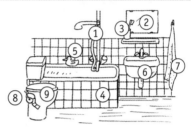

1. _die Dusche_   4. _____   7. _____

2. _____   5. _____   8. _____

3. _____   6. _____   9. _____

E7 Wie ist die Wohnung?

Wie heißt das Gegenteil?

> ruhig • hell • breit • möbliert • schmutzig • teuer • klein • alt

1. Die Wohnung ist *groß*. ↔ Die Wohnung ist _klein_.
2. Das Zimmer ist *unmöbliert*. ↔ Das Zimmer ist _____.
3. Das Zimmer ist sehr *dunkel*. ↔ Das Zimmer ist sehr _____.
4. Das Haus ist *neu*. ↔ Das Haus ist _____.
5. Die Miete ist *billig*. ↔ Die Miete ist _____.
6. Die Lage ist *laut*. ↔ Die Lage ist _____.
7. Der Flur ist *schmal*. ↔ Der Flur ist _____.
8. Das Treppenhaus ist *sauber*. ↔ Das Treppenhaus ist _____.

E8 Wohnungsanzeigen
Verstehen Sie die Abkürzungen?

Dachgeschoss • ~~Zimmer, Küche, Bad~~ • Parkett • Erdgeschoss
erstes Obergeschoss • Heizung • Balkon • Fußbodenheizung
Tiefgarage • Keller • Wohnfläche • Doppelhaushälfte • Einbauküche
zwei Monatsmieten Kaution • ab sofort • Nebenkosten

1. ZKB *Zimmer, Küche, Bad*
2. EBK
3. NK
4. Park.
5. TG
6. EG
7. DG
8. 1. OG
9. 2 MM KT
10. HZ
11. Blk.
12. ab sof.
13. FBH
14. Ke.
15. Wfl.
16. DHH

E9 Ist das Apartment noch frei?

Ergänzen Sie. Achten Sie bei Verben auf die korrekte Form.

WALDPERLACH 1,5-Zi-Ap., DG, EBK,
40m², Bad/Fe, sof. v. priv., 470,- + NK/KT
Tel. 089-43009973

---

das geht • Monatsmieten • hell • Kaution • besichtigen
~~Anzeige (CH: die Annonce)~~ • ruhig • frei • liegen • Süden
vorbeikommen • Tempo-30-Zone • betragen • Nebenkosten

◆ Guten Tag, mein Name ist Stix. Ich rufe wegen der (1.) *Anzeige* in
  der Süddeutschen Zeitung an. Ist das Apartment noch (2.) _____?

● Ja, es ist noch frei.

◆ Wo (3.) _____ das Apartment?

● Es liegt im Märchenweg 16.

◆ Ist die Lage (4.) _____?

● Sehr ruhig. Die Straße ist eine (5.) _____.

◆ Ist das Apartment (6.) _____?

● Ja, sehr hell. Die Dachterrasse ist im (7.) _____.

◆ Wie hoch ist die (8.) _____?

● Die üblichen zwei (9.) _____.

◆ Und wie hoch sind die (10.) _____?

● Die (11.) _____ momentan ca. 150 Euro.

◆ Könnte ich das Apartment (12.) _____?

● Ja gerne. Sie können morgen Abend um 18 Uhr (13.)
  _____. Geht das bei Ihnen?

◆ Ja, (14.) _____.

E10 Die Miete

Wie heißen die Verben?

1. die Miete   _mieten_

2. die Kosten   _____

3. die Heizung   _____

4. die Kündigung   _____

5. der Umzug   _____

6. die Besichtigung   _____

E11 Telefon und Fax

Ergänzen Sie.

> erreichen • E-Mail • Handy • besetzt • Wackelkontakt
> Internetanschluss • Verbindung • Telefon • Faxanschluss
> Telefonleitung • Apparat

1. In unserer Ferienwohnung im Allgäu gibt es weder (1.) T_elef_on noch
   (2.) I_____ss. Auch per (3.) H____y kannst du mich
   dort schlecht erreichen, die (4.) V_____ng bricht dort immer
   wieder ab.

2. ◆ Haben Sie (5.) F_____ss? ● Nein, aber Sie können mir
   eine (6.) E____l schicken.

3. ◆ Du warst plötzlich weg. Ich glaube, die (7.) T_____ng
   ist unterbrochen worden. ● Du, das liegt an unserem (8.)
   A_____t. Er hat einen (9.) W_____t.

4. Ich habe den ganzen Vormittag versucht, dich zu (10.) er_____en,
   es war immer (11.) be____t.

E12 Wohnen, bauen, renovieren

Ordnen Sie zu.

1. Was bedeutet inklusive Nebenkosten?

2. Wer muss den Mietvertrag unterschreiben?

3. Gefällt euch die Altbauwohnung?

4. Mietet ihr euch in Wien ein Haus?

5. Was müsst ihr bei eurem Haus denn noch planen?

6. Was wollt ihr renovieren?

a) Wir wollen die Mauern isolieren und neue Heizkörper einbauen lassen.

b) Noch sehr viel, z. B. wo die Steckdosen und die Telefonanschlüsse hinsollen.

c) Nein. Überall sind hässliche Tapeten und es gibt keinen Aufzug.

d) Dass man Heizung, Wasser und die Hausreinigung nicht extra bezahlen muss.

e) Nein, wir wollen bauen.

f) Der Vermieter und der Mieter natürlich.

1	2	3	4	5	6
d					

E17 Hausarbeit

Ordnen Sie die Verben zu.

> aufräumen • ausschalten • putzen • ~~abwaschen~~ • einräumen
> sauber machen • abtrocknen • ausräumen • spülen

Das Geschirr kann man	Die Spülmaschine kann man	Die Wohnung kann man
abwaschen	_____	_____
_____	_____	_____
_____	_____	_____

E18 Die neue Putzfrau

Ergänzen Sie. Achten Sie bei Verben auf die korrekte Form.

> Ordnung • wischen • abstauben • Putzlappen • Staubsauger
> ~~Putzeimer~~ • Putzmittel • putzen • saugen • Mülleimer

Der (1.) P _utzeim_ er, (2.) P_____el und (3.) P_____en sind

unten im Keller. Bitte (4.) st____en Sie immer alle Möbel a__. Der (5.)

St_____er steht hier. Bitte (6.) s_____n Sie alle Zimmer und (7.)

w____en Sie dann die Böden. Leeren Sie bitte auch die (8.) M_____er.

Am besten (9.) p____en Sie zuerst hier. Ich mache in der Zwischenzeit

im Wohnzimmer (10.) O____ng.

E19 Wäsche waschen

Ergänzen Sie. Achten Sie bei Verben auf die korrekte Form.

> bügeln • Wäschetrockner • Waschmaschine • Bügeleisen
> Wäscheständer • ~~waschen~~ • Wäsche • trocknen lassen • aufhängen

1. Ich _wasche_ jede Woche mindestens drei Maschinen _____.
2. Die _____ schleudert gerade, kannst du nachher die
   Wäsche _____?
3. Der _____ verbraucht mir zu viel Strom. Ich _____
   die Wäsche meistens auf der Leine _____.
4. Mein Mann _____ seine Hemden meistens selbst.
5. Mit einem modernen _____ würdest du schneller bügeln.
6. Stellst du den _____ rein, da hinten kommt ein Gewitter.

E20 Radio, Fernsehen, Computer

Ergänzen Sie.

> Walkman • Lautsprecher • Radio • Computer • Stereoanlage
> ~~Fernseher~~

1. Viele Kinder verbringen zu viel Zeit vor dem F_ernseh_er und am
   C_____er.
2. Wir hören jetzt keine Kassette, ich muss den Verkehrsfunk im
   R___o hören.
3. Wir haben eine neue St_____ mit guten L_____ern
   gekauft.
4. Ihr dürft bei der Klassenfahrt keinen MP3-Player oder W_____n
   mitnehmen.

E21 Wasser, Heizung, Elektrizität

Ergänzen Sie.

> elektrische • Kabel • Stecker • Kohle • Ofen • kalt • Strom
> Holz • Gas • Steckdose • Verlängerungskabel • Wasserleitung
> Trinkwasser • Stromleitungen • Elektrogeräte

1. Das Wasser, das aus der _Wasserleitung_ kommt, ist gutes
   _____.
2. Das Wasser im Schwimmbecken ist ja viel zu _____!
3. Wie heizen unser Haus mit _____.
4. In der Skihütte gibt es nur einen _____, den man mit _____
   heizen muss.
5. Unsere Großeltern haben mit _____ geheizt.
6. Bei den Nebenkosten ist _____ nicht dabei, den muss man extra
   bezahlen.
7. Runde _____ passen in England nicht in die _____.
8. Bei dem alten Haus sind die _____ nicht in der Wand.
9. Das _____ vom Grill ist zu kurz, hast du mir ein
   _____?
10. Sie hat viele überflüssige _____, z.B. eine
    _____ Saftpresse.

E22 Das Licht brennt

Was passt nicht?

1. Eine Glühbirne kann man: auswechseln – reinschrauben – brennen
2. Das Licht kann man: drücken – ausschalten (A: abdrehen) – ausmachen
3. Das Licht: brennt – ist an – ist zu.
4. Du musst den Stecker: reinstecken – drücken – rausziehen

F. Umwelt und Natur

F1 Eine Stadtführung

Ergänzen Sie.

> Fußgängerzone • Krieg • Aussicht • Fluss • erreichen • Platz
> Kirche • geöffnet • Rathaus • Museum • besichtigen • begrüßen
> Einwohner • ~~Stadtführung~~ • Brücke • Tor

Meine Damen und Herren, ich möchte Sie ganz herzlich zu unserer

(1.) St_adtführu_ng (2.) be_____en. Sie haben gerade die schönste

(3.) A_____t auf Wasserburg am Inn. Die Stadt hat rund 11 000

(4.) Ein_____er. Wie Sie sehen, fließt fast um die ganze Stadt ein

(5.) Fl__s, der Inn. Wir werden über die (6.) B_____e, die Sie hier

unten sehen, in die Altstadt fahren. Wir (7.) er_____n die Stadt

durch ein historisches (8.) T__r, in dem noch eine Kanonenkugel aus

dem 30-jährigen (9.) K__g steckt. Wir werden am (10.) Heisererp__z

halten und durch die (11.) Fu_____ne gehen. Wir besichtigen

dann die (12.) Frauenk_____e und das (13.) R_____s. Sie haben

anschließend Zeit, das (14.) Heimatmu_____m zu (15.)

be_____en, es ist heute (16.) ge_____et.

F2 In Berlin

Ergänzen Sie.

> Mühle • Zoo • Reichstag • Schlange stehen • ~~Schloss~~
> anschauen • Tor • Fernsehturm

◆ Du kannst nach Potsdam fahren und dir (1.) _Schloss_ Sanssouci
(2.) _____. Du kannst dort auch eine alte (3.) _____
besichtigen, in der immer noch Mehl gemahlen wird.
● Das ist eine gute Idee für morgen, heute Vormittag wollen die
Kinder das Brandenburger (4.) _____ und den (5.) _____
besichtigen und auf den (6.) _____ rauffahren. Am
Nachmittag gehen wir dann in den (7.) _____. Simon mag so
gerne Tiere.
◆ Das schafft ihr nicht am Vormittag. Um den Reichstag zu besichtigen, muss man immer (8.) _____!

F3 Am Stadtrand

Ergänzen Sie.

> Felder • Land • Zentrum • ~~Stadtviertel (A: Bezirk, CH: Quartier)~~
> Bach • Stadtrand • Vorort • Umgebung

◆ Wir wohnen jetzt in Waldperlach, das ist ein (1.) _Stadtviertel_
von München. Wir sind an den (2.) _____ gezogen, weil
wir im (3.) _____ keine Wohnung mit Garten gefunden haben.
Und wo wohnst du?
● Wir sind aufs (4.) _____ gezogen, nach Grafing, das ist ein (5.)
_____ von München. Stell dir vor, durch unseren Garten fließt
sogar ein kleiner (6.) _____. In der (7.) _____ gibt es
viele (8.) _____ und Wiesen. Es ist dort wirklich idyllisch.

F4 Rhein, Ruhr und Donau

Ergänzen Sie die fehlenden Vokale.

Im Ruhrgebiet gibt es viel (1.) _Industrie_. Die Landschaft ist meistens eben und (2.) fl_ch, es gibt keine hohen Berge. Früher wurde dort viel (3.) K_hl_ gefördert und Stahl produziert und die Luft war (4.) schm_tz_g. Heute ist die (5.) L_ft wieder sauber.

Der Rhein ist der größte (6.) Fl_ss Deutschlands. An seinem (7.) _f_r gibt es einen berühmten (8.) st__l_n Felsen. In einer alten Sage wird erzählt, dass auf dem (9.) F_ls_n eine junge schöne Frau saß, die Loreley, und ihre langen, blonden Haare kämmte und sang. Die Schiffer schauten deshalb nach (10.) _b_n und nicht auf den Fluss und viele (11.) Sch_ff_ sanken.

Ich fahre gerne an der Donau mit dem Fahrrad (12.) _ntl_ng, die meisten Wege sind dort (13.) _b_n. (14.) Die L_ndsch_ft ist dort wunderschön. Es gibt viele (15.) B_rg_n, die man besichtigen kann. Wenn die Wege trotzdem einmal (16.) st__l sind, schiebe ich mein Rad.

F5 In den Bergen

Ordnen Sie zu.

das Gebirge • der See • die Straße • das Dorf • der Bauernhof
der Wald • die Wiese • der Fluss • der Hügel • das Feld
die Brücke • das Gipfelkreuz • die Seilbahn • die Kirche • die Burg

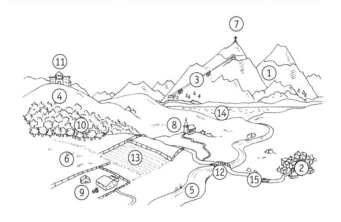

1. _das Gebirge_	2. _____	3. _____
4. _____	5. _____	6. _____
7. _____	8. _____	9. _____
10. _____	11. _____	12. _____
13. _____	14. _____	15. _____

F6 Am Meer

Ergänzen Sie.

> Ebbe • Insel • Strand • Küste • ~~Sommerferien~~ • Meer • Nordsee

◆ Wohin fahrt ihr in den (1.) _Sommerferien_ ?

● Wir wollen im Sommer immer ans (2.) _____ und fahren wieder
nach Elba. Die (3.) _____ ist sehr schön, es gibt an der (4.)
_____ viele schöne Strände zum Baden. Und wohin wollt Ihr?

◆ Wir fahren an die (5.) _____, auf die Insel Amrum.

● Mir wäre es dort zum Schwimmen zu kalt!

◆ Wir schwimmen auch nicht oft. Wir machen gerne bei (6.) _____
Wanderungen am (7.) _____.

F7 Am Fluss

Ergänzen Sie.

> Kanal • Innenstadt • ~~Stadtteil~~ • Park • Nähe • Ufer

◆ Na, wie gefällt es dir in München?

● Gut. Wir wohnen in einem (1.) _Stadtteil_ in der (2.) _____
des Englischen Gartens, das ist ein wunderschöner (3.) _____.
Ich arbeite in der (4.) _____ und kann in der Mittagspause
ans (5.) _____ der Isar gehen. Du, da gibt es einen (6.)
_____, an dem ein paar junge Leute sogar Wellen reiten.

F8 **Der Löwenzahn**

Ordnen Sie zu.

das Blatt • der Stängel • ~~die Wurzel~~ • der Samen • die Knospe
die Blüte • die Erde

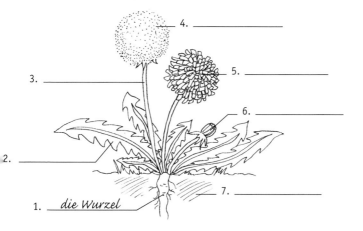

3. _____

2. _____

4. _____

5. _____

6. _____

7. _____

1. _die Wurzel_

F9 **Die Eiche**

Ordnen Sie zu.

der Zweig • der Ast • die Wurzel • das Gras • ~~der Stamm~~ • das Nest

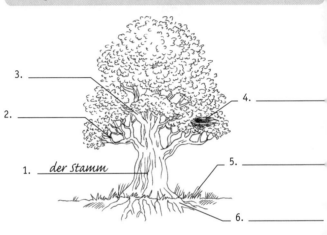

3. _____

4. _____

2. _____

1. _der Stamm_

5. _____

6. _____

F10 **Pflanzen und Bäume**

Was passt nicht?

1. Den Rasen kann man:
   gießen – düngen – mähen – ~~verblühen~~
2. Einen Blumenstrauß kann man:
   mähen – pflücken – kaufen – verschenken
3. Einen Baum kann man:
   pflanzen – schneiden – pflücken – fällen
4. Eine Blume kann:
   wachsen – blühen – verblühen – ernten
5. Getreide kann man:
   säen – ernten – düngen – fällen

F11 Tiere auf dem Bauernhof

Welches Tier ist das?

> die Ente • die Ziege • das Huhn • der Esel • ~~der Hund~~
> das Schwein • das Schaf • die Katze • der Hahn • die Kuh

1. Welches Tier bellt „wau, wau"?   _Der Hund_
2. Welches Tier miaut „miau, miau"?   _____
3. Welches Tier schreit „iah, iah"?   _____
4. Welches Tier blökt „bäh, bäh"?   _____
5. Welches Tier meckert „meck, meck"?   _____
6. Welches Tier schreit „kikeriki, kikeriki"? _____
7. Welches Tier schnattert „quak, quak"?   _____
8. Welches Tier muht „muh, muh"?   _____
9. Das Tier grunzt „oink, oink"?   _____
10. Das Tier gackert „gack, gack"?   _____

F12 Hier stimmt doch was nicht!

Streichen Sie die Fehler durch.

1. Hühner, Gänse, ~~Hasen~~ und Schlangen legen Eier.
2. Schafe, Ziegen, Kühe, Pferde und Fische fressen Gras und Heu.
3. Auf dem Geflügelhof gibt es Hühner, Papageien, Enten, Gänse und Puten.
4. In den Schweizer Bergen gibt es Tiger, Rehe, Hirsche, Hasen und Gämsen.
5. Im Stadtpark sieht man es viele Vögel, Kaninchen, Hunde und Bären.
6. Die Kinder füttern die Schwäne, Enten, Krokodile und Gänse mit altem Brot.
7. Vögel haben einen Schnabel, Federn, Flügel und Flossen.

F13 Tiere und Tierkinder

Ergänzen Sie.

> das Küken • das Schwein • der Hahn • die Kuh • das Pferd
> die Henne • das Ferkel • der Stier • das Schaf • das Fohlen
> das Lamm • der Maulwurf • die Maus • das Kalb • der Stall

1. _____der Hahn_____   8. _____

2. _____   9. _____

3. _____   10. _____

4. _____   11. _____

5. _____   12. _____

6. _____   13. _____

7. _____   14. _____

                                                                      15. _____

F14 Tierquiz

1. Warum machen Spinnen Netze?
   a. um Fische zu fangen
   b. um Insekten zu fangen
   c. um Blätter zu fangen

2. Welcher Vogel bringt in Deutschland angeblich die Babys?
   a. der Papagei
   b. der Storch
   c. der Adler

3. Wie verständigen sich Bienen?
   a. sie summen
   b. sie tanzen
   c. sie singen

4. Warum fliegen manche Vögel bei schlechtem Wetter tief?
   a. damit sie besser sehen
   b. weil Insekten bei schlechtem Wetter tief fliegen
   c. weil es am Boden wärmer ist

F15 Jahreszeiten

Ergänzen Sie.

> heiß • sonnig • Stürme • Frühling • Schnee • kühl • Herbst
> Sommer • Wind • Winter • frisch • hitzefrei • Nebel

1. Im F _rühlin_ g ist es morgens noch k___l und f____ch, aber am Nachmittag oft s___ig.

2. Im S_____er ist es oft warm. Wenn es sehr h___ß ist, haben die Schulkinder h_____ei.

3. Im H____st gibt es morgens oft N_____l. Wenn der W___d weht, lassen die Kinder Drachen steigen. Am Meer gibt es St____e.

4. Im W_____er gibt es in den Bergen Sch_____.

F16 Die Wetterkarte

Ordnen Sie zu.

> Schnee • Regen • ~~heiter~~ • Regenschauer • bewölkt • Nebel
> Schneeregen • Gewitter

1. _heiter_

2. _____

3. _____

4. _____

5. _____

6. _____

7. _____

8. _____

F17 Eis und Schnee

Ergänzen Sie. Achten Sie bei Verben auf die korrekte Form.

> glatt • Frost • schneien • Glatteis • mild
> ~~Schnee~~ • Salz

1. ◆ Wart ihr dieses Jahr Ski fahren?
   ● Ja, aber es gab sehr wenig _Schnee_, der Winter war viel zu
   _____.

2. ◆ Du musst die Blumen reinstellen. Es soll heute Nacht _____
   geben.
   ● Ja, mach ich.

3. ◆ Ich komme etwas später. Es hat heute Nacht _____ und die
   Straßen sind _____.
   ● Ja, bei uns ist auch überall _____. Ich habe schon _____
   gestreut.

F18 Wie wird das Wetter morgen?

Ergänzen Sie. Achten Sie bei Verben auf die korrekte Form.

> Blitz • Gewitter • heiß • Sonne • Wetterbericht • Himmel
> ~~Hitze~~ • vorhersagen • trocken • Schatten • Donner • Wolken

1. ◆ Komm trink noch was. Bei der _Hitze_ muss man viel trinken.
   Und leg dich dann in den _____, nicht dass du noch
   einen Sonnenbrand kriegst.
   ● Mama, krieg ich ein Eis?
2. ◆ Nimm einen Schirm mit. Im _____ haben sie
   Regen _____.
   ● Ach was, es ist keine einzige Wolke am _____.
3. ◆ Wie ist das Wetter bei euch?
   ● Die _____ scheint. Es ist _____. Ich muss jeden Tag den
   Garten gießen, weil es so _____ ist.
4. ◆ Komm lass uns schnell nach Hause gehen. Ein _____
   kommt. Da hinten sind schon ganz dunkle _____.
5. ● Warum hört man den _____ nach dem _____?
   ◆ Weil Schall langsamer ist als Licht.

F19 Sonne, Mond und Sterne

Was passt nicht?

1. Am Himmel sieht man: die Sonne – den Mond – die Sterne –
   ~~den Schatten~~
2. Das Klima ist: bewölkt – trocken – mild – gut
3. Der Wind: weht – bläst – gefriert – pfeift
4. Es ist: heiß – kühl – sonnig – heiter – warm
5. Die Temperaturen: fallen – stürmen – steigen – sinken
6. Es ist: nass – feucht – trocken – nebelig

F20 Es tröpfelt

Wie heißen die Wörter?

> Es (1.) <u>ltpfeötr</u>, es regnet, es (2.) <u>etüschtt</u>,
> es (3.) <u>entdorn</u> und es (4.) <u>btzlit</u>,
> und alle Kinder gehen schnell ins Haus.
> Dann kommt die liebe (5.) <u>onSne</u> raus,
> und alle Kinder gehen wieder aus dem Haus.
> *traditioneller Kinderreim*

1. _tröpfelt_   2. _____   3. _____

4. _____   5. _____

F21 Es regnet, es regnet ...

Wie heißen die Wörter?

> Es (1.) <u>nrgeet</u>, es regnet, die Erde wird (2.) <u>snsa</u>,
> (3.) <u>tubn</u> werden die Wiesen und (4.) <u>nrgü</u> wird das Gras.
> Es regnet, es regnet, die (5.) <u>drEe</u> wird nass.
> Wir sitzen im (6.) <u>neoTrenck</u>, was schadet uns das?
> *traditioneller Kinderreim*

1. _regnet_   2. _____   3. _____

4. _____   5. _____   6. _____

F22 Himmelsrichtungen

Ergänzen Sie.

> Norden • Süden • Osten • Westen

Die Sonne geht im (1.) _____ auf. Im (2.) _____ nimmt sie ihren Lauf
(3.) Im _____ wird sie untergehn. Im (4.) _____ war sie nie zu sehn.

G. Reisen und Verkehr

G1 Verkehrsmittel

Ordnen Sie zu. Ergänzen Sie den Artikel.

Auto • Bus • Fahrrad (CH: Velo) • Straßenbahn (CH: Tram) • U-Bahn
Schiff • Flugzeug • Fähre • Zug • Taxi • ~~Roller~~ • Hubschrauber

1. _der Roller_   2. _____   3. _____

4. _____   5. _____   6. _____

7. _____   8. _____   9. _____

10. _____   11. _____   12. _____

G2 Brauchst du das Auto?

Ergänzen Sie. Achten Sie bei Verben auf die korrekte Form.

> ankommen • wieder • da sein • ~~kommen~~ • fliegen
> bringen • fahren • zu Hause • zurückfliegen

- ◆ Wie (1.) k _omm_ st du nach Berlin?
- ● Ich (2.) f_____e in der Früh um 6, ich muss um neun Uhr (3.) d__ s___n.
- ◆ Soll ich dich zum Flughafen (4.) b_____n?
- ● Nein, aber du kannst mich zur U-Bahn (5.) f_____en.
- ◆ Und wann kommst du (6.) w____er zurück.
- ● Ich (7.) f_____e um 18 Uhr z_____k. Um 19.10 Uhr (8.) k_____e ich in München a__. Wahrscheinlich bin ich dann so um neun (9.) z__ H_____e.

> mitnehmen • nach Hause • weg • zu Fuß • abholen • brauchen
> nehmen • gehen

- ◆ Soll ich dich von der U-Bahn (10.) ab_____n?
- ● Nein, das brauchst du nicht. Ich (11.) n_____e mir ein Taxi.
- ◆ Musst du diese Woche noch mal (12.) w___?
- ● Nein, aber am Donnerstag komme ich spät (13.) n___h H_____e, weil wir nach der Vertretertagung noch in den Biergarten (14.) _____n.
- ◆ (15.) B_____st du dann das Auto?
- ● Nein, ein Kollege (16.) n_____t mich m__. Wir fahren in den Hirschgarten, da kann ich dann (17.) z__ F_____ nach Hause.

G3 Können Sie mir helfen?

Ordnen Sie zu. Oft sind mehrere Antworten möglich.

> links • das weiß ich nicht • rechts • ~~wo liegt~~ • ich suche
> ich bin nicht von hier • wo ist • immer geradeaus • komme ich
> gibt es • ich kenne mich hier nicht aus • ich bin fremd hier
> brauche ich

1. Entschuldigung, _____*wo liegt*_____ das Deutsche Museum.

   _____

   _____

2. Wie _____ zum Deutschen Museum.

3. _____ einen Bus zum Tierpark?

4. Wie lange _____ zu Fuß zum Bahnhof?

5. Fahren Sie _____.

   _____.

   _____.

6. Tut mir leid, _____.

   _____.

   _____.

   _____.

G4 Entschuldigung, wo ist der Botanische Garten?

Ordnen Sie die Sätze den Bilder zu.

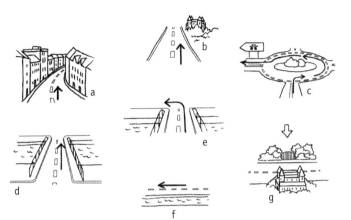

1. Fahren Sie durch den Ort. _a_

2. Fahren Sie um den Kreisverkehr und biegen Sie
   Richtung Autobahn ab. ___

3. Sie kommen dann über eine Brücke. ___

4. Biegen Sie nach der Brücke links ab. ___

5. Fahren Sie immer am Fluss entlang. ___

6. Fahren Sie weiter bis zum Schloss. ___

7. Der Eingang vom Botanischen Garten liegt gegenüber dem
   Schloss. ___

G5 Orientierung

Wie heißen die Wörter?

1. In unserem Flur hängt eine (ekWetartl) _Weltkarte_ .
2. Ich glaube, ich habe mich (enhvefarr) _____, gibst du mir
   den (pStalandt) _____?
3. Die Frauenkirche liegt in der (heNä) _____ des Marienplatzes.
4. ◆ Wie komme ich am (llsentsche) _____ zum Flughafen?
   ● Am (enbest) _____ mit der S-Bahn.

G6 Wie komme ich vom Königsplatz zu dir?

Ergänzen Sie. Achten Sie bei Verben auf die korrekte Form.

> aussteigen • kriegen • erst • einsteigen • umsteigen
> Richtung • öffentlich • beeilen • verpassen • Haltstelle
> abholen • Verkehrsmitteln • Verbindung • U-Bahn

◆ Wie komme ich mit (1.) öf _fentlichen_ (2.) Ve_____
  vom Königsplatz zu dir?
● Du nimmst am besten die (3.) U-_____ und zwar die U 2 (4.)
  R_____ Messestadt Ost. An der (5.) H_____ Innsbrucker
  Ring musst du in die U 5 Richtung Neuperlach Süd (6.)
  um_____. An der Haltestelle Neuperlach Zentrum musst du
  dann (7.) a_____ und den Bus Nr. 55 Richtung Waldperlach
  nehmen. Wenn du dich (8.) b_____, hast du gleich eine (9.)
  Ver_____. Du musst aber schnell laufen, sonst (10.) k_____
  du den Bus nicht. (11.) S_____ aber nicht in den Bus 199 _____,
  der braucht viel länger. Wenn etwas nicht klappt, ruf mich an.
◆ Hallo Tina, du, ich hab den Bus (12.) v_____. Der nächste fährt
  (13.) e_____ in zwanzig Minuten.
● Ich (14.) h_____ dich _____. Bis gleich.

G7 Was macht ihr in den Ferien?
Ordnen Sie zu.

1. Was macht ihr dieses Jahr (A: heuer) in den Sommerferien?

2. Macht ihr Ostern wieder Urlaub auf dem Bauernhof?

3. Du arbeitest doch, wo sind deine Kinder in den Pfingstferien?

4. Wie lange hast du im Sommer Urlaub?

5. Wann wollt ihr nach Korsika?

6. Geht ihr Pfingsten in Urlaub?

7. Verreist du in den Herbstferien?

a) Nein, wir bleiben zu Hause und machen ein paar Ausflüge.

b) Wir wollen in der Nachsaison fahren, da ist es nicht ganz so teuer.

c) Simon geht in den Kindergarten und David verbringt die Ferien bei seiner Oma.

d) Wir haben für diesen Sommer noch nichts geplant.

e) Dieses Jahr habe ich drei Wochen frei.

f) Nein, dieses Jahr wollen wir an Ostern nach Italien.

g) Ja, wir wandern Pfingsten immer im Allgäu.

1.	2.	3.	4.	5.	6.
d					

G8 Im Reisebüro

Ergänzen Sie. Achten Sie bei Verben auf die korrekte Form.

> empfehlen · Platz nehmen · günstiger · übernachten · anbieten
> ~~sich interessieren für~~ · zentral · gegenüber

- Wir (1.) _interessieren uns für_ Städtereisen nach Wien.
- Bitte, (2.) _____ Sie _____.
- Wir würden gerne in einem schönen und (3.) _____ gelegenen Hotel (4.) _____.
- Da kann ich Ihnen das Hotel Sacher (5.) _____. Es liegt (6.) _____ der Staatsoper. Ich kann Ihnen dort eine Suite für 302 Euro (7.) _____.
- Wir hätten es gerne (8.) _____.

> Reiseunterlagen · Reiseführer · Kreditkarte · Stadtrundfahrt
> Nächte · Sparpreis · Sehenswürdigkeiten · neben · gute Reise
> wohnen · Besichtigung · buchen

- Direkt (9.) _____ dem Stephansdom hätten wir das Hotel Royal. Da gibt es momentan einen (10.) _____. 4 Nächte (11.) _____ und 3 (12.) _____ zahlen.
- Den Sparpreis möchten wir (13.) _____.
- Interessieren Sie sich auch für eine (14.) _____ mit (15.) _____ der wichtigsten (16.) _____?
- Nein danke. Das buchen wir lieber vor Ort. Kann ich mit (17.) _____ bezahlen?
- Ja natürlich. ... Hier sind dann Ihre (18.) _____, diesen (19.) _____ bekommen Sie noch von uns. Eine (20.) _____ wünsche ich Ihnen!
- Dankeschön.

G9 In der Touristeninformation

Ergänzen Sie. Achten Sie bei Verben auf die korrekte Form.

> Frühstücksbüfett • reservieren • Halbpension • Einzelzimmer
> ~~Hotel~~ • günstig • Doppelzimmer • Vollpension

- Können Sie mir ein preiswertes (1.) _Hotel_ empfehlen?
- ◆ Ja, das Hotel „Zum Schwanen" ist (2.) _____. Möchten Sie ein
  (3.) _____?
- Nein, ein Doppelzimmer.
- ◆ Das (4.) _____ kostet dort inklusive (5.) _____
  70 Euro, mit Halbpension 95 Euro und mit (6.) _____ 120 Euro.
- Wir möchten gerne (7.) _____. Ist das Hotel ruhig?
- ◆ Ja, sehr ruhig.
- Können Sie das Zimmer gleich für mich (8.) _____?
- ◆ Selbstverständlich.

G10 Im Hotel

Setzen Sie das passende Verb in die korrekte Form.

1. Ich habe ein Zimmer (~~reservieren~~ / bestellen) _reserviert_ .

2. Können Sie mich bitte morgen früh um sechs Uhr (klingeln / wecken)
   _____.

3. Vor der Zimmertür hängt ein Schild „Bitte nicht (wecken / stören)
   _____".

4. Wo (finden / suchen) _____ ich den Frühstücksraum?

G11 Berufe: Tourismus, Hotel und Verkehr

Ergänzen Sie Vokale.

1. der P__rt__r
2. das Z__mm__r__m__dch__n
3. der K__lln__r
4. der K__ch
5. der B__rk__ __p__r
6. die R__ __s__l__ __t__r__n
7. der B__ __sf__hr__r
8. der Sch__ffn__r
9. die Z__gb__gl__ __t__r__n
10. die St__w__rd__ss
11. der P__l__t
12. der Fl__gl__ts__
13. der K__p__t__n
14. der M__tr__s__

G12 Wo man übernachtet

Ergänzen Sie.

> Zelte • Zimmer • Ferienwohnung • Freien • zelten
> Fremdenzimmer • ~~Gasthaus~~ • Pension • Ferienanlage • ausgebucht

1. In diesem G _asthau_ s gibt es F_____er mit Dusche oder Bad
2. ● Was ist denn eine P_____n? ◆ Das ist ein kleines Hotel.
3. Wir wollen dieses Jahr keine F_____ng mieten, sondern z_____n.
4. In unserer kleinen F_____ge herrscht eine familiäre Atmosphär
5. Während der Messe waren alle Hotels a_____t, ich musste mir ein Z_____er nehmen.
6. Das Rote Kreuz brachte Z____e in das Erdbebengebiet, weil viele im F____en übernachten mussten.

G13 Fliegen

Wie heißen die Wörter?

1. Ich fahre immer mit der S-Bahn zum (lenhFugaf) _Flughafen_ .
2. Du, ich rufe dich später zurück, mein (gFul) _____ wird gerade aufgerufen.
3. Der (rtSat) _____ der Maschine verzögert sich.
4. Ich fliege mit der ersten (eschMain) _____ um sechs Uhr.
5. Wir werden nicht _____ (geflienab) abfliegen.

G14 Durchsagen am Flughafen und im Flugzeug

Ergänzen Sie. Achten Sie bei Verben auf die korrekte Form.

> Aufruf • Bordkarten • ~~Einsteigen~~ • Schalter • sich begeben
> Passagier

1. Ihr Lufthansaflug 573 nach Berlin ist jetzt zum E_insteigen_ bereit.
   Bitte b _____ Sie s ____ zum Gate B 12 und halten Sie Ihre
   B_____ bereit.
2. Letzter A_____ für den Flug 573 nach Berlin. Wir bitten den
   P_____ Peter Schmidt, sich sofort zum Check-in-S_____
   zu begeben.

> fliegen • landen • sitzen bleiben • Sicherheitsgurte • Bord

3. Wir l_____ in wenigen Minuten in Berlin Schönefeld. Wir
   bitten Sie, die S_____ anzulegen und die Tische
   hochzuklappen.
4. Wir bedanken uns, dass Sie mit uns gef_____ sind, und
   würden uns freuen, Sie wieder bei uns an B_____ begrüßen zu
   dürfen. Bitte b_____ Sie zu Ihrer eigenen Sicherheit
   s_____, bis wir die Parkposition erreicht haben.

G15 Am Bahnhof

Ergänzen Sie. Achten Sie bei Verben auf die korrekte Form.

> verpassen • abfahren • gehen ... nach • Gleis • Bahnhof
> ~~Endstation~~ • aussteigen • Schalter • Ankunft • Auskunft

1. _Endstation_ . Bitte _____. Dieser Zug endet hier.
2. Am _____ kannst du Fahrkarten am _____ oder am
   Automaten kaufen.
3. Vorsicht an _____ 2, der TGV nach Paris fährt ein.
4. Die _____ verspätet sich wegen Bauarbeiten um eine Stunde.
5. Der Zug nach München _____ heute auf Gleis 9 ____.
6. Ich brauche eine _____. Wegen der Verspätung _____ ich
   meinen Anschluss. Wann _____ der nächste Zug _____ Tübingen

G16 Bahn, U-Bahn und Schiff

Ergänzen Sie. Achten Sie bei Verben auf die korrekte Form.

> anlegen • ~~pendeln~~ • fahren • Zug • entwerten
> Fahrplan • abfahren • gültig

1. Axel _pendelt_ zwischen Bochum und München und _____
   meistens mit dem _____.
2. Du musst die Fahrkarte noch _____, sonst ist sie nicht
   _____.
3. Mist, der Zug ist weg. Komm, wir schauen am _____, wann
   der nächste fährt.
4. Unsere Fähre _____ in Livorno ___.
5. Schauen mal, am Hafen _____ ein Kreuzfahrtschiff ___.

G17 Am Fahrkartenschalter

Ergänzen Sie. Achten Sie bei Verben auf die korrekte Form.

> Hauptbahnhof • Verbindung • Hin- und Rückfahrt • ~~Fahrkarte~~
> einfach • erste • zweite • Rückfahrt

- ● Grüß Gott. Ich möchte bitte eine (1.) _Fahrkarte_ von München nach Nürnberg.
- ◆ (2.) E_____ oder zweite Klasse?
- ● (3.) Z_____ Klasse bitte.
- ◆ (4.) E_____ oder Hin- und Rückfahrt?
- ● (5.) H_____. Ich möchte um 8 Uhr morgens in Nürnberg sein. Können Sie mir eine (6.) V_____ nennen?
- ◆ Sie können um 6 Uhr 43 den ICE ab München (7.) H_____ nehmen. Sie sind dann um 7 Uhr 58 in Nürnberg. Brauchen Sie auch eine Verbindung für die (8.) R_____?
- ● Nein, danke.

> Reise • Fahrschein • machen • Wagen • Raucher • reservieren
> Fensterplatz • Platz

- ● Möchten Sie einen Sitzplatz (9.) r_____?
- ◆ Ja, bitte.
- ● (10.) R_____ oder Nichtraucher?
- ◆ Nichtraucher, (11.) F_____ mit Tisch, wenn es geht.
- ● Ja, das ist möglich. Das (12.) m_____ dann 68 Euro. ... Hier Ihr (13.) F_____ und die Reservierung, Nichtraucher, Fensterplatz im Großraumwagen, (14.) W_____ 9, (15.) P_____ 22. Angenehme (16.) R_____.
- ● Vielen Dank.

G18 Gepäck

Bilden Sie Sätze.

1. die Koffer / ich muss / noch / packen / .
2. mein Gepäck / aufgeben / ich / kann / hier / ?
3. ich / liegen lassen / habe / im Abteil / meinen Rucksack / .
4. die Reisetasche / kann / bei der Gepäckaufbewahrung / ich / abgeben / ?
5. seine Fahrkarte / er / und / suchte / fand / sie nicht.

G19 An der Grenze

Ergänzen Sie.

> Stempel • Visum • wechseln • Zoll bezahlen • mitnehmen
> Führerschein (CH: Fahrausweis) • Ausweis • gültig • Kontrollen
> einführen • Grenze • Papiere

1. An der *Grenze* zwischen Österreich und Deutschland gibt es keine _____ mehr.
2. Er wollte zu viele Zigaretten aus Tschechien _____ und musste _____.
3. Gefälschte Markenartikel darf man nicht _____.
4. Ich muss noch Geld _____. Wir können in Dänemark nicht mit Euro bezahlen.
5. Darf ich mal bitte Ihre _____ sehen?
6. Ihr _____ ist schon seit über einem Jahr abgelaufen!
7. Meine Freundin ist slowakisch. Sie braucht ein _____ für die US.
8. Das Visum ist bis zum 31.12. _____.
9. Zeig mir mal die _____ in deinem Pass.
10. Wenn du ein Auto leihen willst, musst du deinen _____ vorzeigen.

G20 Mobilität

Ergänzen Sie. Achten Sie bei Verben auf die korrekte Form.

> zu Fuß • Fahrrad (CH: Velo) • laufen • ~~Kurve~~ • kommen
> anschnallen • Leihwagen • Parkplätze • halten • Gurt

1. Er fuhr zu schnell in die _Kurve_ und stürzte mit dem neuen
   _____.
2. Wie David zur Schule _____? Früher ist er _____, jetzt
   fährt mit dem Roller.
3. Kannst du dich selber _____, oder soll ich dir mit dem
   _____ helfen?
4. Du musst dir einen _____ nehmen, _____ kommst
   du dort nirgendwo hin.
5. Kannst du bitte am nächsten Rastplatz _____?
6. Ich weiß nicht, wo ich parken soll, alle _____ sind belegt!

> parken • Kreuzung • bremsen • mieten • überholen • aussteigen
> Werkstatt • Strafzettel (CH: Busse)

7. Ich halte nach der _____ und lass dich dort _____.
8. Den Lastwagen kann ich nicht _____, hier ist Überhol-
   verbot.
9. Er _____ gerade noch rechtzeitig, als das Reh über die Straße
   sprang.
10. Den Wagen muss ich vor dem Urlaub noch in die _____
    bringen.
11. Der Lieferwagen _____ auf dem Bürgersteig und bekam einen
    _____.
12. Für den Umzug _____ wir uns einen Lkw.

G21 Verkehrsbedingungen

Ergänzen Sie. Achten Sie bei Verben auf die korrekte Form.

> Nebenstraßen • Stau • Verkehr • Abfahrt • abbiegen
> Einbahnstraße • Schild (CH: Signal) • Umleitung • Autobahn

1. Ich kann hier schon wieder nicht ab_biegen_, das ist eine
   Ei_____.
2. Wieso ist denn heute so viel V_____?
3. Du fährst zu schnell! Hast du das Sch___ „Vorsicht Radarkontrolle"
   nicht gesehen?
4. Mist, an dieser Kreuzung gibt es immer St___.
5. Wenn du die Uml_____ nach Grafing nimmst, fährst du die
   ganze Zeit auf N_____.
6. Wir fahren bei der nächsten A_____ von der A_____
   runter.

> Geschwindigkeit • Strafe • Verkehrskontrolle • rufen • stoppen
> Unfall • Ampel • volltanken • sperren

7. Der U_____ ist doch passiert, weil das Taxi bei Rot über die A_____
   gefahren ist. Komm, wir r_____ die Polizei.
8. Kannst du in Österreich noch v_____? Dort ist das Benzin
   billiger.
9. V_____. Ihren Führerschein bitte.
10. Die Straße ist wegen einer Demonstration gesp____t.
11. Ich musste St_____ zahlen, weil der TÜV zu lange abgelaufen war.
12. Die Polizei st____ den Porsche wegen überhöhter G_____.

H. Essen und Trinken

H

H1 Wollen wir essen gehen?

Ordnen Sie zu.

1. Wollen wir jetzt essen gehen?

2. Was ist denn das für ein Getränk?

3. Nimm doch noch ein bisschen von dem Lachs.

4. Möchtest du noch mehr Ketchup?

5. Möchtest du etwas trinken?

6. Trinkst du gern Bier?

a) Ja gerne, ich bin total durstig.

b) Nein, lieber später. Ich habe noch keinen Hunger.

c) Nein danke, ich habe schon genug.

d) Nein, ich mag kein Bier. Das ist mir zu bitter.

e) Nein danke. Ich bin wirklich schon satt.

f) Bionade, magst du mal probieren (A: kosten)?

1.	2.	3.	4.	5.	6.
b					

H2 Was sagt man ...

Ergänzen Sie.

> Mahlzeit! • Zum Wohl! • Guten Appetit!

1. Man fängt gemeinsam mit dem Essen an: _____
2. Man grüßt Arbeitskollegen während des Mittagessens: _____
3. Man hebt die Sektgläser, schaut sich an und sagt: _____

H3 In der Schule

Wie heißen die Wörter?

1. Die Kinder dürfen während des Unterrichts (einktrn) _trinken_, wenn sie Durst haben.
2. (enssE) _____ dürfen sie nur in der Pause.
3. Damit die Kinder sich gesünder (enenährr) _____, darf der Hausmeister (CH: Abwart) keine (eikenßSüigt) _____ mehr verkaufen.
4. Er hat sein (otsenbPaur) _____ nicht gegessen, weil er keine Zeit hatte.

H4 Was isst Ihre Familie?

Ergänzen Sie.

> Wurst • Eis • Nachmittag • Nudeln • Kaffee • ~~Mahlzeiten~~
> Frühstück (CH: Morgenessen) • Gemüse • Suppe • Mittagessen
> Kakao • vormittags • Kantine • Obst • Abendessen (CH: Nachtessen)

„Meistens gibt es bei uns fünf (1.) _Mahlzeiten_. Zum (2.) _____ trinken mein Mann und ich (3.) _____, die Kinder trinken (4.) _____, und wir essen oft Müsli mit Obst oder Toastbrot mit Marmelade (CH: Konfitüre), Honig oder Nutella. (5.) _____ essen die Kinder in der Schule ihr Pausenbrot. Zum (6.) _____ kommen die Kinder nach Hause und es gibt oft (7.) _____ oder Fleisch mit (8.) _____. Mein Mann isst mittags in der (9.) _____. Am (10.) _____ essen die Kinder dann oft noch (11.) _____ und ab und zu auch mal eine Süßigkeit oder ein (12.) _____. Zum (13.) _____ gibt es oft Brot mit Käse oder (14.) _____ und Salat. Im Winter essen wir abends auch oft eine (15.) _____."

H5 Obst

Ordnen Sie zu.

die Ananas • die Himbeere • ~~der Apfel~~ • die Kirsche
die Melone • die Orange / die Apfelsine • die Erdbeere
die Pflaume (A: die Zwetschke) • die Banane • die Birne
die Kiwi • die Aprikose (A: die Marille)

1. *der Apfel* 2. _____ 3. _____

4. _____ 5. _____ 6. _____

7. _____ 8. _____ 9. _____

10. _____ 11. _____ 12. _____

H6 Gemüse

Ordnen Sie zu.

> die Gurke • der Blumenkohl (A: der Karfiol) • die Tomate
> (A: der Paradeiser) • der Mais • die Kartoffel (A: der Erdapfel)
> die Zwiebel • der Brokkoli • die Karotte / die Möhre (CH: das Rüebli)
> die Bohne (A: die Fisole) • der Paprika • der Kohlrabi • der Salat

1. _der Salat_   2. _____   3. _____

4. _____   5. _____   6. _____

7. _____   8. _____   9. _____

10. _____   11. _____   12. _____

H7 Was braucht man ...

Streichen Sie die Fehler.

1. Für die Gemüsesuppe muss ich noch Karotten, Erbsen, ~~Trauben~~, Bohnen, Tomaten, Brokkoli und Lauch kaufen.

2. Im Salat sind Gurke, Radieschen, Tomaten, Oliven, Bananen und hart gekochte Eier.

3. In den Obstsalat kommen Trauben, Äpfel, Lauch, Pilze (A: Schwammerl) Ananas, Birnen, Bananen, Knoblauch und Erdbeeren.

H8 Auf dem Markt

Ordnen Sie zu.

> Das ist mir zu teuer. • Sonst noch etwas? • ~~Was darf es sein?~~
> Und was kosten die Erdbeeren? • Ja, danke.
> Geben Sie mir bitte zwei Schalen.

◆ (1.) _Was darf es sein?_

● Ich hätte gerne ein Pfund Möhren.

◆ (2.) _____

● Ja bitte, einen Kopfsalat. (3.) _____

◆ Zwei Euro das Pfund.

● (4.) _____. Und was kostet der Spargel?

◆ Zehn Euro das Kilo, aus Deutschland.

● Nein danke. (5.) _____. Ich nehme noch einen Blumenkohl.

◆ Ist das alles?

● (6.) _____.

◆ Das macht zusammen 9 Euro 80.

H9 Lebensmittel

Was passt nicht?

1. der Joghurt – der Käse – die Milch – ~~die Marmelade~~ – die Butter
2. der Honig – die Schokolade – das Ei – das Bonbon – die Gummibärchen
3. der Essig – die Nuss – das Öl – das Salz – der Pfeffer
4. das Brötchen – das Brot – das Vollkornbrot – die Sahne – der Toast
5. der Fisch – die Cornflakes – das Müsli – die Spaghetti – der Knödel

H10 Willst du etwas essen?

Ergänzen Sie. Achten Sie bei Verben auf die korrekte Form.

Pommes frites • Essen • Hauptspeise • Fleisch • Spezialitäten
Stück • mögen • Beilagen • ~~hungrig~~ • Sandwich • Reis • Dessert

1. ● Willst du etwas essen? ◆ Nein, ich bin jetzt nicht _hungrig_.
   Ich hole mir nachher ein _____.
2. ● Heute gibt es als _____ Fisch, _____ du Fisch?
   ◆ Nein, ich esse lieber _____.
3. ● Nimmst du noch ein _____? ◆ Ja, ich nehme noch ein
   _____ Kuchen.
4. ● Welche _____ gibt es heute? ◆ Wir haben _____,
   Kartoffeln oder _____.
5. In unserer Kantine ist das _____ hervorragend. Es gibt sogar
   oft _____ aus verschiedenen Ländern.

H

H11 Das schmeckt mir nicht!

Ergänzen Sie.

> knusprig • zäh • faulig • fett • warm • bitter • ~~sauer~~
> trocken • salzig • scharf • hart • weich • kalt

1. Igitt! Die Milch ist ja _sauer_ !

2. Die Brötchen schmecken nicht, sie sind _____ und nicht _____

3. Dieses Bier mag ich nicht, es ist mir zu _____.

4. Pass auf, die Peperoni sind total _____.

5. Die Suppe ist _____, können Sie sie mir bitte _____ machen?

6. Der Kuchen von meiner Schwiegermutter ist immer _____.

7. Herr Ober, die Soße ist zu _____ und das Fleisch ist _____.

8. Die Pfirsiche schmecken nicht, sie sind noch ganz _____.

9. Nein, den Schinken möchte ich nicht, der ist mir zu _____.

10. Nimm einen anderen Beutel. In dem hier ist schon eine Orange

    _____.

H12 Noch mehr Lebensmittel und Gewürze

Ergänzen Sie den Artikel.

1. Fleisch: _der_ Braten – ____ Kotelett – ____ Schnitzel – ____ Hackfleisc

2. Wurst: ____ Schinken – ____ Salami – ____ Wiener Würstchen

3. Geflügel: ____ Huhn – ____ Ente – ____ Gans – ____ Pute

4. Gewürze: ____ Senf – ____ Ketchup – ____ Mayonnaise – ____ Pfeffe

H13 Der Fisch ist frisch

Ergänzen Sie.

> heiß • ~~frisch~~ • kühl • lecker • roh • vegetarisch • knackig
> süß • reif • frisch

1. Der Fisch ist _frisch_, das siehst du an den Augen.
2. Die Erdbeeren sind _____ und schmecken sehr _____.
3. Die Eier sind nicht _____, sie sind hart gekocht.
4. Eissalat ist _____, wenn er _____ ist.
5. In der Brühe gibt es kein Fleisch, sie ist rein _____.
6. H-Milch muss man nicht _____ lagern.
7. Ich kaufe dir jetzt keine Schokolade, es ist viel zu _____, die schmilzt doch im Auto.
8. Das Mousse au Chocolat ist wirklich _____!

H14 Getränke

Wie heißen die Wörter?

1. Ich möchte den Kaffee bitte mit viel (ichMl) _Milch_ .
2. Hast du die (trkäeGen) _____ schon kalt gestellt?
3. In Deutschland trinkt man oft (erssMalinwaer) _____ mit Kohlensäure.
4. Wenn du (erWsas) _____ ohne Kohlensäure willst, musst du stilles Wasser bestellen.
5. Ich trinke einen schwarzen (eTe) _____, was nimmst du?
6. Sie wollte nicht, dass ihre Kinder (aoCl) _____ trinken.
7. Möchtest du einen frisch gepressten (ngftrenOasa) _____?

H15 Alkohol

Ergänzen Sie.

> Wein • Likör • ~~Alkohol~~ • Bier • Schnaps • betrunken

1. _Alkohol_ darf an Jugendliche unter 16 Jahren nicht verkauft
   werden.
2. Auf dem Oktoberfest in München sind jedes Jahr viele Gäste
   _____.
3. Auf dem Eisbecher ist _____, den kannst du den Kindern nicht
   geben.
4. In griechischen Lokalen bringt der Kellner nach dem Essen oft einen
   _____.
5. Du kannst doch im Biergarten keinen _____ trinken, hier trinkt
   man _____!

H16 Rezept für ein Reisgericht

Ergänzen Sie.

> Pfanne • schneiden • rühren • kochen • ~~waschen~~ • würzen
> servieren • anbraten • putzen • Reis

200 g Sojasprossen (1.) _waschen_. Drei mittelgroße Karotten, zwei
Zucchini und einen halben kleinen Chinakohl (2.) _____, waschen,
klein schneiden. Karotten und Zucchini kurz in Olivenöl (3.) _____.
Sojasprossen kurz in Wasser (4.) _____, sodass sie noch knackig
sind. 300 g Putenfleisch in kleine Stück (5.) _____. Fleisch kurz in
der (6.) _____ anbraten. (7.) _____ kochen. Das Gemüse und das
Fleisch mit Salz und Pfeffer (8.) _____ und unter den Reis (9.)
_____. Mit Sojasauce und Mangochutney (10.) _____.

Guten Appetit!

17 Forelle

Ergänzen Sie.

◆ Herr Ober, können Sie mir bitte die Forellengerichte erklären?

● Ja, gerne. Forelle blau ist (1.) (chgeteko) _gekochte_ Forelle. Die
Forelle im Salatmantel wird im Ofen (2.) (ckengeba) _____.
Forelle „Müllerin" ist in Butter (3.) (tegenebra) _____ Forelle,
die mit Zitrone und Petersilie serviert wird. Forelle mediterran ist
eine mit Thymian, Estragon, Basilikum und Knoblauch gefüllte und
(4.) (grtegeill) _____ Forelle.

18 Portionen und Verpackungen

Ergänzen Sie.

> Stück • Tasse • Becher • Stück • Kasten • Kiste (CH: Harass)
> Paket • Päckchen • Schluck • ~~Portion~~ • Schachtel • Netz
> Packung • Flasche • Glas • Büchse • Tüte • Dose

1. eine P _ortion_ Pommes
   frites
2. ein S_____ Sachertorte
3. eine Sch_____ Streich-
   hölzer (A: Zündhölzer)
4. ein P_____ Kaugummi
5. ein P_____ Waschpulver
6. eine P_____ Milch
7. ein K_____ / eine K_____
   / ein H_____ Bier
8. eine F_____ Wein

9. ein G_____ Gurken
10. eine T_____ Kaffee
11. einen Sch_____ trinken
12. eine B_____ / D _____
    Tomaten
13. ein B_____ Sahne
    (A: Schlagobers, CH: Rahm)
14. eine T_____ Chips
15. ein N_____ Orangen
16. ein St_____ Butter

H

H19 Auswärts essen

Ordnen Sie zu.

1. Wollen wir heute ausgehen? In Wertach gibt es einen guten Italiener.

2. Ist der Platz noch frei?

3. Wo gibt es hier in der Nähe eine nette Kneipe (A: ein nettes Beisel)?

4. Kommt im Biergarten keine Bedienung?

5. Wir hätten gerne die Speisekarte.

6. Können wir noch etwas Warmes bestellen?

7. Muss ich Service und Bedienung extra bezahlen?

a) Ja, sofort.

b) Nein, das ist in Deutschland inklusive. Du musst nur das bezahlen, was auf der Karte steht, und beim Bezahlen ist es üblich, dass man ungefähr 10 % Trinkgeld gibt.

c) Nein, die Küche ist leider schon geschlossen.

d) Ja, aber lass uns anrufen und einen Tisch reservieren, das letzte Mal haben wir doch keinen Platz bekommen.

e) Gleich hier um die Ecke ist eine gemütliche Kneipe (A: ein gemütliches Beisel).

f) Nein, tut mir leid, der ist besetzt.

g) Nein, hier ist Selbstbedienung.

1.	2.	3.	4.	5.	6.
d					

120 Im Restaurant

Geben Sie die richtige Reihenfolge der Sätze an.

1. ____ Ja, selbstverständlich. Und Sie, was möchten Sie?

   ____ Ja gerne, was bekommen Sie?

   ____ Ich nehme den Schweinebraten mit Knödeln und Krautsalat. Könnte ich eine kleine Portion bekommen?

   _a_ Herr Ober, wir möchten gerne bestellen.

   ____ Ich nehme das Wiener Schnitzel mit Pommes und Salat.

2. ____ Tut mir leid, das Tagesmenü ist leider aus. Ich kann Ihnen aber den Kalbsbraten empfehlen.

   _a_ Haben Sie schon gewählt?

   ____ Ja, gerne.

   ____ Ja, ich hätte gerne das Tagesmenü.

   ____ Okay, dann nehme ich den Kalbsbraten und als Vorspeise einen kleinen gemischten Salat.

3. ____ Das macht dann 18,20.

   ____ Vielen Dank.

   _a_ Wir möchten bezahlen.

   ____ Zusammen.

   ____ Machen Sie 20.

   ____ Ja, gerne. Zusammen oder getrennt?

H21 **Geschirr und Besteck**

Ordnen Sie zu.

das Weinglas • die Kaffeetasse • der Fleischteller • die Weinflasche
die Gabel • das Milchkännchen • die Zuckerdose • der Suppenteller
der Salzstreuer • die Kaffeekanne • der Löffel • die Salatschüssel
die Untertasse • das Messer

1. _das Messer_   2. _____   3. _____

4. _____   6. _____   9. _____

5. _____   7. _____   10. _____

8. _____

11. _____   12. _____   14. _____

13. _____

I. Geschäfte und Einkaufen

I1 Geschäfte

Ordnen Sie zu.

> Reformhaus • Naturkostladen • ~~Supermarkt~~ • Bäckerei
> Konditorei • Markt • Metzgerei (A: Fleischhauerei)

1. Gemüse kaufe ich nicht im _Supermarkt_, sondern auf dem
   _____ oder am Obststand.
2. Wurst kaufe ich in der _____. Dort ist sie teurer, aber besser.
3. Bei unserer _____ gibt es auch sonntagvormittags frische
   Brötchen.
4. Die Torte hat sie nicht selbst gemacht, die hat sie in der
   _____ gekauft.
5. Sojaprodukte bekommst du im _____ oder im
   _____.

> Apotheke • Drogerie • Geschäfte • Buchhandlung
> Kaufhaus • Kiosk (A: Trafik) • Geschäfte
> Schreibwarengeschäft (CH: Papeterie)

6. Das Medikament bekommst du nur in der _____.
7. Ich hol mir schnell am _____ (A: in der) _____ eine
   Zeitung.
8. Es gibt in der Innenstadt immer weniger kleine _____.
9. Wenn du mehr Auswahl willst, müssen wir ins _____ gehen.
10. Ich muss noch schnell in die _____, Sonnencreme kaufen.
11. Das Briefpapier habe ich im _____ (CH: in
    der _____) gekauft.
12. Er bestellt selten Bücher im Internet, er geht lieber in die
    _____.

I2 Einkaufen gehen

Ordnen Sie zu.

1. Soll ich noch einkaufen gehen?

2. Holst du Brötchen? Und wir brauchen auch noch Brot fürs Wochenende.

3. Kann ich das Hemd umtauschen?

4. Sind Sie an der Reihe?

5. Können Sie das bitte als Geschenk einpacken?

6. Ich suche leichte Wanderschuhe in Größe 40.

7. Haben Sie das Fahrrad auch in einer anderen Farbe?

a) Nein, die Dame ist dran.

b) Ja, aber beeile dich. Hier auf dem Dorf schließen die Geschäfte um 18 Uhr.

c) Ja, selbstverständlich. Welches Papier möchten Sie denn?

d) Da kann ich Ihnen diese beiden Modelle anbieten.

e) Nein, leider nicht. Reduzierte Ware ist vom Umtausch ausgeschlossen.

f) Leider nicht auf Lager, aber ich kann Ihnen das Modell in Blau bestellen, wenn Sie möchten.

g) Ja, ich fahr gleich zum Bäcker.

1.	2.	3.	4.	5.	6.	7.
b						

I3 Ich kauf mir was

Ergänzen Sie. Achten Sie bei Verben auf die korrekte Form.

> verkaufen • Kunden • Öffnungszeiten • Verkäufer • kriegen
> Garantie • durchgehend geöffnet

1. Unsere _Öffnungszeiten_ sind Montag bis Freitag von 9.00 – 20.00 Uhr und Samstag von 8.00 – 20.00 Uhr.
2. Machen Sie mittags zu? Nein, wir haben _____ _____.
3. In dem Laden ist kein _____, der einem helfen kann!
4. Wenn es günstige Kinderkleider gibt, stehen die _____ oft Schlange.
5. Solche Glühbirnen haben wir nicht, die _____ Sie im Elektroladen.
6. Die Ware im Schaufenster kann ich Ihnen leider nicht _____.
7. Sie haben zwei Jahre _____. Bewahren Sie bitte die Rechnung auf.

> ausgeben • Hauptkasse • Schlussverkauf • Plastiktüte • bringen
> Schaufenster • Rabatt • Preis

8. Ich _____ Ihnen den Schuh eine Nummer größer.
9. Haben Sie das Modell im _____ auch in Größe 40?
10. Er nimmt immer einen Stoffbeutel mit, damit er keine _____ braucht.
11. Der _____ ist mir zu hoch. Im _____ gibt es das sicher billiger.
12. Sie können hier oder an der _____ bezahlen.
13. Mit der Kundenkarte bekam er 5 % _____.
14. So viel Geld möchte ich nicht für einen Pullover _____.

I4 Billig und ausverkauft

Was passt? Kreuzen Sie an.

1. Die MP3-Player im Sonderangebot sind leider ...

   ☒ ausverkauft   ☒ aus   ☐ leer

2. Den Kalender können Sie gerne mitnehmen. Er ...

   ☐ ist gratis   ☐ ist kostenlos   ☐ kostet nichts

3. Der Flug nach Berlin war...

   ☐ sehr günstig   ☐ billig   ☐ nicht teuer

4. Es ist oft so, dass die Preise für Benzin an Feiertagen ...

   ☐ steigen   ☐ sinken   ☐ fallen

5. Geben Sie mir bitte ...

   ☐ eine Rechnung   ☐ eine Quittung   ☐ ein Preisschild

6. Moment, Sie ... noch Geld zurück.

   ☐ kriegen   ☐ bekommen   ☐ zahlen

7. In diesem Laden sind Lebensmittel sehr ...

   ☐ umsonst   ☐ preiswert   ☐ günstig

I5 Bezahlen

Ergänzen Sie.

> Schilling • Mark • Franken • Geldschein • ~~Portemonnaie~~
> leihen • Kleingeld • Währung

1. Ich habe mein _Portemonnaie_ zu Hause liegen gelassen. Kannst
   du mir bis morgen 20 Euro _____?
2. So ein Mist! Der Automat nimmt meinen _____ nicht. Kannst
   du mir wechseln?
3. Hast du _____ für den Briefmarkenautomat?
4. Die _____ der Schweiz heißt _____. 100 Rappen sind
   ein Franken.
5. Vor der Einführung des Euro bezahlte man in Deutschland mit
   _____ und Pfennig.
6. Die frühere österreichische Währung heißt _____.

> Kreditkarte • Überweisungsformular • Gebühren
> Banknote • Münze • bar • Bargeld • Scheck

7. Er warf eine _____ in den Brunnen.
8. Es gibt keine 300-Euro- _____.
9. Kann ich mit _____ bezahlen? Nein, leider nur _____.
10. Wir mussten den Skikurs per _____ bezahlen, das ist unge-
    wöhnlich.
11. Ich möchte beim Automaten noch ein bisschen _____ holen.
12. Ich brauche kein _____. Ich mache Überwei-
    sungen immer selber am Serviceterminal, um die teuren
    _____ zu sparen

I6 Kleidung

Ordnen Sie zu.

> der Rock (CH: der Jupe) • die Mütze • die Handschuhe (Pl.)
> der Anzug • der Schal • die Socken (Pl.) • das T-Shirt
> die Krawatte • die Bluse • die Hose • das Hemd • der Paprika
> ~~das Kleid (CH: der Rock)~~ • der Pullover • der Mantel

1. *das Kleid*

2. _____

3. _____

4. _____

5. _____

6. _____

7. _____

8. _____

9. _____

10. _____

11. _____

12. _____

13. _____

14. _____

I7 Kleider machen Leute

Ordnen Sie zu.

> Uniform • Kostüm • Badehose • Unterwäsche • Bikini • Matschhose
> Nachthemden • Jeans • Jackett • Gummistiefel

1. Er trägt nur J*eans*, er hat gar keine anderen Hosen.

2. Unsere Chefin trägt oft ein K_____.

3. Zu Geschäftsterminen zieht er meistens ein J_____ an.

4. Sie mag keine Schlafanzüge, sondern trägt immer N_____

5. Im Kindergarten braucht jedes Kind G_____ und eine
   M_____.

6. Hast du schon deine B_____ und meinen B_____ eingepackt

7. Der Soldat fuhr in U_____ nach Hause.

8. Sie trägt immer U_____ aus Seide.

I8 Der Knopf ist ab

Wie heißen die Wörter?

1. Mir ist ein Knopf abgerissen. Hast du mir eine (dNale) *Nadel* und
   schwarzen (daenF) _____?

2. Bettwäsche für Kinder hat keine (efpnKö) _____, sondern einen
   Reißverschluss.

3. Diese Schuh sind aus (erdLe) _____.

4. Er trug den Pullover aus (eollW) _____ nie, weil er kratzte.

5. Der Stoff ist zu 100 % aus (ellauBmwo) _____.

I9 Das Kleid ist chic

Was passt? Kreuzen Sie an.

1. Wow, dein neues Kleid (CH: dein neuer Rock) ist wirklich ...

   ☒ chic   ☒ schön   ☒ hübsch

2. Du musst dich umziehen. Dein T-Shirt ist total ...

   ☐ schmutzig   ☐ dreckig   ☐ sauber

3. Das Hemd würde ich nicht mehr anziehen. Der Kragen ist zu ...

   ☐ altmodisch   ☐ hübsch   ☐ modern

4. Die Sängerin trug ein ... Kleid.

   ☐ kurzes   ☐ langes   ☐ elegantes

I10 Das steht Ihnen gut

Ergänzen Sie. Achten Sie bei Verben auf die korrekte Form.

> tragen • passen • Kabine • anziehen • umziehen
> Nummer • ~~stehen~~

1. Rosa _steht_ Ihnen wirklich gut.
2. Die Hose _____ nicht. Können Sie sie mir eine _____ größer bringen?
3. Bitte nur drei Teile in die _____ mitnehmen.
4. Mein Mann _____ im Büro immer Hemden.
5. Wir müssen um acht Uhr los. Ich muss mich noch _____.
6. Was meinst du, soll ich eine Krawatte _____?

I

I11 Schmuck
Ergänzen Sie.

> Haarspange • ~~Schmuck~~ • Kette • Armband • Uhr • Ohrringe
> Modeschmuck • Silber

1. Sie trägt wenig Sch_muck_, nur eine Uhr, den Ehering und eine
   K____e.
2. Stimmt es, dass dem Präsidenten der USA die U___ geklaut wurde?
3. Die Perlenkette ist nicht echt. Das ist nur M_____.
4. Schmuck aus S_____ steht mir nicht so gut, ich muss Gold tragen.
5. Du musst deine O_____ beim Turnen wegmachen. Das ist sonst
   zu gefährlich.
6. Schau mal wie albern. Der Hund trägt eine H_____.
7. Sie bekam zur Kommunion von ihrer Patentante ein goldenes
   A_____.

I12 Haushaltsartikel und Werkzeug
Was passt nicht?

1. Kochgeschirr: die Pfanne – der Topf – ~~die Suppenschüssel~~
2. Essgeschirr: der Suppenteller – der Fleischteller – der Kochlöffel
3. Haushaltsartikel: der Korkenzieher – der Dosenöffner – der
   Schraubenzieher
4. Werkzeug: der Flaschenöffner – der Hammer – die Zange
5. Besteck: die Schere – die Gabel – der Löffel

J. Post, Bank und Polizei

J1 Post und Telefon

Ordnen Sie zu.

> die Telefonkarte (CH: die Taxcard) • das Päckchen • die Postleitzahl
> der Briefumschlag (A: das Kuvert, CH: das Couvert) • das Paket
> die Telefonzelle (CH: die Telefonkabine) • der Briefkasten • das Handy
> der Briefträger (CH: der Pöstler) • die Adresse • die Briefmarke
> das Telefonbuch • die Ansichtskarte • der Absender

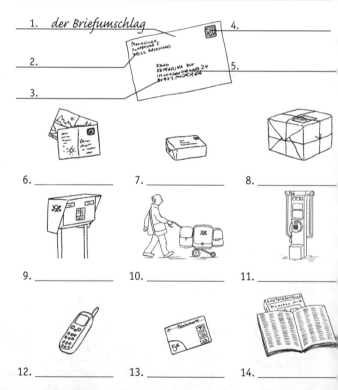

1. _der Briefumschlag_

2. _____

3. _____

4. _____

5. _____

6. _____

7. _____

8. _____

9. _____

10. _____

11. _____

12. _____

13. _____

14. _____

J2 Am Schalter

Ergänzen Sie. Achten Sie bei Verben auf die korrekte Form.

> ~~abholen~~ • aufgeben • schicken • Paketschein • Aufkleber
> Formular • Kilogramm • Abholschein • schwer

1. ◆ Ich möchte ein Paket ab _holen_ . ● Da brauche ich den
   Ab_____ und Ihren Pass oder Personalausweis.
2. ● Ich brauche einen Auf_____ für Päckchen. ◆ Bitteschön.
3. ◆ Das Paket können Sie beim Schaltern nebenan auf_____.
4. ● Kann ich das hier noch als Päckchen sch_____? ◆ Nein, die
   Sendung ist zu sch_____. Das Höchstgewicht für Päckchen ist 2
   K_____. Das geht nur als Paket. Sie müssen dann auch
   noch dieses For_____ ausfüllen.
5. ◆ Geben Sie mir bitte einen Pa_____ für das Ausland.

> Porto • Express-Sendung • Schalter • erhalten • kriegen
> ausfüllen • bekommen • frankieren • Postfach • Postleitzahl

6. ◆ Kann ich bei Ihnen Sondermarken be_____? ● Nein,
   leider nicht, die kr_____ Sie aber am Sch_____ nebenan
   bei meinem Kollegen.
7. ● Für Päckchen außerhalb der EU müssen Sie immer eine
   Zollerklärung aus_____.
8. ◆ Ich habe Ihre Sendung immer noch nicht er_____. ● Das
   darf doch wahr sein, die habe ich doch am Freitagmorgen als
   Ex_____ verschickt.
9. ● Die P_____ können Sie in dem Buch nachschlagen. Sie
   schauen unter dem Ort nach der Straße ... ◆ Ich weiß aber die
   Straße nicht, die Adresse ist ein P_____.
10. ◆ Was heißt denn „ausreichend fr_____"? ● Die richtige
    Briefmarke draufkleben. Das P_____ für Postkarten innerhalb
    Europas ist 65 Cent.

J3 Telefon und Handy

Ergänzen Sie. Achten Sie bei Verben auf die korrekte Form.

> Ausland • Faxnummer • Telefonnummer • ~~klingeln~~ • ausschalten
> anrufen • besetzt • läuten • wählen • Mail

1. ◆ Das Telefon _klingelt_. Kann mal einer von euch rangehen!
2. ● Ich wollte dich _____, aber es war den ganzen Abend
   _____.
3. ◆ Er hatte vergessen sein Handy _____ und es _____
   mitten im Konzert.
4. ● Können Sie mir Ihre _____ geben? ◆ Ich habe kein Fax
   aber Sie können mir eine _____ schicken.
5. ◆ Die _____ stimmt nicht. ● Doch, die stimmt. Du darf
   nur nicht die 0 _____, wenn du aus dem _____ anrufs

> Anrufbeantworter • Verbindung • Nachricht • erreichen • auflegen
> zurückrufen • sprechen mit • sich verwählen

6. ● _____ ich _____ Herrn Rau? ◆ Nein, tut mir leid. Da habe
   Sie _____.
7. ◆ Ich verstehe dich nicht, die _____ ist ganz schlecht.
8. ● In Notfällen können Sie mich auch per Handy _____.
9. ◆ Kannst du bitte mal _____, ich muss dringend telefoniere
10. ● Dies ist der _____ von Ilse Schmitt. Bitte hinte
    lassen Sie eine _____. Ich _____ Sie umgehend
    _____.

J

J4 Auf der Bank

Was passt? Kreuzen Sie an.

1. Man kann Geld auf ein Konto ...
   ☒ überweisen   ☒ einzahlen   ☐ abheben

2. Man kann Geld von einem Konto ...
   ☐ leihen   ☐ einzahlen   ☐ abheben

3. Man kann ein Girokonto ...
   ☐ eröffnen   ☐ überziehen   ☐ haben

4. Man kann einen Scheck ...
   ☐ einlösen   ☐ abbuchen   ☐ ausstellen

5. Man kann einen Kredit ...
   ☐ abzahlen   ☐ ausleihen   ☐ bekommen

J5 Am Geldautomaten

Ergänzen Sie. Achten Sie bei Verben auf die korrekte Form.

> ~~Kreditkarte~~ • EC-Karte • Geld • abheben • bezahlen
> eingeben • Geheimnummer

◆ Ich konnte auf Korsika mit meiner (1.) _Kreditkarte_ am
  Geldautomaten kein (2.) _____ abheben, weil ich die (3.)
  _____ vergessen habe.
● Und was hast du dann gemacht?
◆ Dann hat mein Mann alles (4.) _____. Aber stell dir vor, dann
  wollte er Geld (5.) _____ und hat dreimal die falsche Nummer (6.)
  _____ und dann war seine (7.) _____ weg. ...

J. Post, Bank und Polizei 117

J

J6 Bankgeschäfte

Ergänzen Sie.

> im Minus • Kontoauszüge • steigen • ~~Zinsen~~ • Kredite • Schalter
> Kontonummer • Rechnung • Dauerauftrag

1. Für Guthaben auf Sparbüchern gibt es momentan wenig _Zinsen_
2. Wenn Sie mir bitte noch einmal Ihre _____ und
   Bankleitzahl geben. Ich kümmere mich darum, dass die _____
   noch heute an Sie angewiesen wird.
3. Du der Geldautomat funktioniert nicht. Ich muss am _____
   Geld abheben.
4. Ich lasse mir die _____ zuschicken.
5. Nach dem Urlaub ist mein Konto meistens _____.
6. Ich habe einen _____ für die Miete.
7. Die Zinsen für _____ sind momentan niedrig, aber sie werde
   wieder _____.

J7 Polizei

Ergänzen Sie. Achten Sie bei Verben auf die korrekte Form.

> Parkverbot • ~~Verkehr~~ • Anzeige • Polizistin
> Polizei (A: Gendarmerie) • parken (CH: parkieren)

1. Ein Polizist regelte nach dem Unfall den _Verkehr_ .
2. Sie meldeten den Unfall bei der _____.
3. Eine _____ machte den Verkehrsunterricht für die Schulkinder
4. Hier dürfen Sie nicht _____. Hier ist _____.
5. Er bekam eine _____, weil er auf der Autobahn zu schnell
   gefahren ist.

K. Arbeit und Beruf

K1 Berufsbezeichnungen

Ergänzen Sie.

> der Maler • der Automechaniker • der Bauarbeiter
> die Arzthelferin • ~~die Hausfrau~~ • die Programmiererin
> der Kaufmann • der Landwirt • die Polizistin

1. *die Hausfrau*   2. _____   3. _____

4. _____   5. _____   6. _____

7. _____   8. _____   9. _____

K2 Was ist er von Beruf?

Ergänzen Sie.

> Bäcker • Gärtner • Verkäufer • Lehrer • Raumpflegerin
> ~~Feuerwehrmann~~ • Friseurin (CH: Coiffeuse) • Stewardess

1. Er rettet Unfallopfer aus Fahrzeugen und löscht Brände.
   Er ist _Feuerwehrmann_.

2. Sie reinigt Büros: Sie saugt Staub, leert die Papierkörbe, wischt Staub und putzt die Toiletten.
   Sie ist _____.

3. Er unterrichtet an einer Grundschule. Er lehrt Rechnen, Deutsch, Heimat- und Sachkunde, Musik und Kunst.
   Er ist _____.

4. Er bedient und berät Kunden in einem Geschäft.
   Er ist _____.

5. Er sät und pflanzt Gemüse. Er düngt und gießt die Pflanzen und erntet sie.
   Er ist _____.

6. Er backt Brot, Brötchen (A: Semmeln), Croissants und Gebäck.
   Er ist _____.

7. Sie hilft den Passagieren und bringt ihnen Speisen und Getränke.
   Sie ist _____.

8. Sie wäscht, schneidet und föhnt Haare. Sie färbt auch Haare und macht Dauerwellen.
   Sie ist _____.

K3 Berufsgruppen

Ordnen Sie zu.

Richter / Richterin • ~~Pilot / Pilotin~~ • Arzt / Ärztin
Elektriker / Elektrikerin • Kellner / Kellnerin • Busfahrer / Busfahrerin
Apotheker / Apothekerin • Florist / Floristin • Erzieher / Erzieherin
Metzger / Metzgerin (A: Fleischhauer / Fleischhauerin)
Installateur / Installateurin • Lehrer / Lehrerin
Taxifahrer / Taxifahrerin • Architekt / Architektin
Koch / Köchin • Krankenschwester / Krankenpfleger
Küchenhelfer / Küchenhelferin

1. Verkehr

Pilot / Pilotin

_____

_____

2. Gesundheit

_____

_____

_____

3. Handel

_____

_____

_____

4. Baugewerbe

_____

_____

_____

5. Hotelgewerbe

_____

_____

_____

6. Öffentlicher Dienst

_____

_____

_____

K4 Rund um den Beruf

Ergänzen Sie.

> Job • Arbeitsplatz • ~~arbeitet als~~ • Stelle • Beamte
> selbstständig • Angestellte

1. Er ist Physiker von Beruf und _*arbeitet*_ jetzt _als_ Lehrer.

2. Weil er keine feste _____ gefunden hat, hat er sich
   _____ gemacht.

3. Polizisten und Lehrer sind in Deutschland _____.

4. Sie hat in den Semesterferien einen _____ als Kellnerin.

5. Leider ist mein _____ jetzt in dem neuen Großraumbüro.

6. Sind Sie _____ oder selbstständig?

K5 Wie ist deine neue Arbeit?

Ergänzen Sie das Gegenteil.

> gefährlich • angenehm • ~~langweilig~~ • anstrengend
> geistig arbeiten

1. interessant   ↔   _*langweilig*_

2. leicht   ↔   _____

3. unangenehm   ↔   _____

4. ungefährlich   ↔   _____

5. körperlich arbeiten ↔   _____

K6 Rund um den Arbeitsplatz

Ergänzen Sie. Achten Sie bei Verben auf die korrekte Form.

> verkaufen • entwickeln • leiten • ~~machen~~ • Projekt • Verantwortung
> Stress • Organisation • Aufgaben • Bereich • Buchhaltung • Sitzung

1. ● Und was _machen_ Sie? ◆ Ich habe jetzt neue _____
   im _____ Marketing.
2. Wer ist für die _____ der Tagung verantwortlich?
3. Ich frage in der _____ nach, warum die Rechnung noch
   nicht überwiesen ist.
4. Der Bereich Handy wurde an einen ausländischen Investor _____
5. Wer _____ den Bereich Automobiltechnik, ist das noch Herr Dr.
   Schmidt?
6. Für das neue _____ müssen noch Mitarbeiter eingestellt werden.
7. Die _____ fängt etwas später an, weil Herr Dr. Rau im Stau steht
8. Die Software für dieses Problem muss erst _____ werden.
9. Die Frage ist, wer trägt die _____ für die Missstände?
10. Ich bin im _____, weil meine Präsentation noch nicht fertig ist.

K7 Arbeitsplätze

Wie heißen die Wörter?

1. Es stört mich, dass ich keinen festen (laeiptstzArb) _Arbeitsplatz_ im
   Büro habe.
2. Die Firma Rettenberger ist ein kleiner (iebeBtr) _____ mit
   12 Mitarbeitern.
3. Er hat sich als Schreiner selbstständig gemacht und hat eine eigene
   (stWkatter) _____.
4. Die (imaFr) _____ Siemens hat ihren Hauptsitz in München.
5. In dieser (abikFr) _____ werden Turngeräte produziert.

K8 Büroausstattung und Büromaterial

Was passt nicht?

1. der Schreibtisch – der Schreibtischstuhl (A: Schreibtischsessel) – ~~die Schreibmaschine~~
2. der Computer – die Büroklammer – der PC
3. der Kopierer – der Drucker – der Stempel
4. das Papier – die Mappe – der Ordner
5. das Blatt – der Zettel – das Faxgerät
6. der Radiergummi – der Kugelschreiber – der Filzstift

K9 Lohn und Gehalt

Ergänzen Sie. Achten Sie bei Verben auf die korrekte Form.

> Überstunden • Gehaltserhöhungen • Stundenlohn • Streik
> Gewerkschaften • verdienen • fordern • sinken • steigen
> verhandeln • streiken

1. Die Gew_erkschaften_ haben zum Str_____ aufgerufen. Sie fo_____ 3 % mehr Lohn.
2. Die Gewerkschaften ver_____ mit den Arbeitgebern über Ge_____.
3. Es kam zu Verspätungen bei der Bahn, weil die Lokführer str_____.
4. Sie ärgert sich über die viele Üb_____, die sie nicht bezahlt bekommt.
5. Die Studentin bekam 10 Euro _____ für das Arbeiten an der Kasse (A/CH: Kassa).
6. Peter wohnt noch bei seinen Eltern, da er in der Ausbildung noch nicht viel ver_____.
7. Die Gehälter werden bei der neuen Firma si_____.
8. Die Arbeitgeber wollen nicht, dass die Lohnkosten ste_____.

K10 Stellenanzeigen

Ergänzen Sie.

> Praktikum • Vollzeit • Gehaltsvorstellung • schriftlich • Bewerbung
> ~~suchen~~ • Auszubildende

1.
> Zur Neueröffnung unseres
> Fitness-Clubs in München
> su_uchen_ wir ab sofort
> **Fitness-Trainer** und
> Au____
> Bitte richten Sie Ihre
> Be____
> mit Lichtbild u.
> Ge_____ an:
> FITNESS STAR
> Leopoldstr. 183
> 81475 München

2.
> *Pr____ im Kindergarten*
> Wir suchen ab Sep. Praktikanten
> für 1 Jahr   Tel.: 0170-467 44 09

3.
> **Fahrlehrer/in** für Teilzeit oder
> V____ nach Ingolstadt
> gesucht.
> Bewerbung bitte sch____
> unter ☑ ZS1833322 an SZ

K11 Arbeitssuche

Ergänzen Sie. Achten Sie bei Verben auf die korrekte Form.

> sich bewerben um • sich vorstellen • ~~Stelle~~ • arbeitslos • wechseln
> finden • kündigen

1. Es ist nicht schwierig, eine _Stelle_ als Erzieherin zu _____.
2. Walter möchte gerne die Arbeitsstelle _____.
3. Ich glaube, ich _____ die interessante Stelle,
   die in der Zeitung stand.
4. Die Firma Denka hat 500 Mitarbeitern _____.
5. Seit sie _____ ist, hat sie schon über dreißig Bewerbungen
   geschrieben.
6. Er wird _____ morgen bei der Firma Raddorf _____.

K12 Computer und Software

Was passt? Kreuzen Sie an.

1. Einen Moment, ich muss den Computer noch ...
   ☒ einschalten   ☒ ausschalten   ☒ hochfahren

2. Können Sie mir bitte die Datei ...
   ☐ mailen   ☐ surfen   ☐ ausdrucken

3. Ich habe vergessen, die Datei zu ...
   ☐ speichern   ☐ kopieren   ☐ öffnen

4. Kannst du bitte den Kindern die Diskette ...
   ☐ einlegen   ☐ brennen   ☐ markieren

5. Für die Daten solltest du besser einen neuen Ordner ...
   ☐ anlegen   ☐ einschalten   ☐ schicken

K13 Computer und Internet

Wie heißen die Wörter?

1. Ich habe mir einen flachen (schidBilrm) _Bildschirm_ für den Computer gekauft.
2. Hast du eine deutsche oder eine englische (sturTaat) _____?
3. Ich arbeite auch am Laptop immer mit der (asMu) _____.
4. Mein Sohn hat eine hervorragende (DC-MRO) _____ zum Schachlernen.
5. Schaltest du bitte das (oemMd) _____ ein, ich muss noch meine Mails abrufen.
6. Ich komme gerade nicht ins Internet, das (tzeN) _____ ist überlastet.
7. Haben Sie eine (E-laiM-ssdrAee) _____?
8. Du kannst auf der (tereinetInste) _____ nachschauen, wann der Kurs beginnt.

L. Ausbildung und Unterricht

L1 Das deutsche Schulsystem

Ergänzen Sie.

> Lehre • Gymnasium • Grundschule • Primarschule • Universität
> Kindergarten • Kinderkrippen • Hauptschule • Abitur • Klasse
> Realschule • ~~besuchen~~

In der Regel (1.) be _suchen_ Kinder in Deutschland mit 3 Jahren
den (2.) Kin_____. Für jüngere Kinder gibt es (3.)
Kin_____. Mit sechs Jahren gehen die Kinder in die (4.)
Gru_____. – In Österreich heißt diese Schule Volksschule und
in der Schweiz (5.) Pri_____. – Die Grundschule dauert vier
Jahre. Nach der Grundschule besuchen die Kinder entweder die (6.)
Hau_____, die Realschule oder das (7.) Gym_____. Wer die
Hauptschule besucht, macht nach der (8.) 10. Kl____ den
Hauptschulabschluss und kann dann eine Ausbildung, z. B. als Kfz-
Mechaniker, Verkäufer oder Friseur, machen. Während der (9.) L_____
im Betrieb besuchen die Jugendlichen auch die Berufsschule. Wer die
(10.) Rea_____ besucht, kann nach der 10. Klasse weiter auf die
Fachoberschule gehen und dann an der Fachhochschule studieren.
Wer das Gymnasium besucht, macht in der 12. Klasse das (11.)
Ab_____ (A: Matura) und kann dann an der (12.) Uni_____
studieren.

L2 Schule und was dazugehört

Wie heißen die Wörter?

> Hausmeister (CH: Abwart) • Direktor • Direktorin • Klassenzimmer
> Hausaufgaben • ~~Ferien~~ • Schultüte • Unterricht • Aufgaben
> Übung • Pausen

1. Die freien Tage und Wochen, in der Schüler nicht zur Schule gehen,
   heißen _Ferien_ .
2. Übungen, die man zu Hause macht, heißen _____.
3. Schulanfänger bekommen am ersten Schultag eine _____.
4. Die Zeit zwischen den Unterrichtsstunden, das sind die _____.
5. Der Chef der Schule, das ist der _____ oder die _____.
6. Der Raum, in dem unterrichtet wird, heißt _____.
7. Die Zeit, in der an der Schule unterrichtet wird, heißt _____.
8. In einer Prüfung gibt es keine Übungen, sondern _____.
9. Was Sie gerade machen, ist eine _____.
10. Der _____ sperrt die Turnhalle auf.

L3 Schüler und mehr

Wie heißt der Plural?

1. der Schüler   _die Schüler_

2. die Schülerin   _____

3. die Klasse   _____

4. der Schulausflug   _____

5. der Teilnehmer   _____

6. die Klassenfahrt   _____

L4 Schulaktivitäten

Ergänzen Sie die Verben in der korrekten Form.

> abschreiben • merken • ~~sein in~~ • aufpassen • schreiben • basteln
> erklären • rechnen • singen • anmelden • lernen

1. ● Du _bist_ schon _in_ der Schule? ◆ Ja, ich bin doch schon sechs.
2. Er weiß nicht, was er machen soll. Er hat nicht _____.
3. Ein Vorschulkind sollte sich drei Sachen _____ können.
4. Hast du Yannick beim Französischunterricht _____?
5. In der ersten Klasse _____ die Kinder lesen, _____
   und _____ bis 10.
6. _____ du Max noch einmal, wie er den Stift halten soll?
7. In der Grundschule wird viel _____, gemalt und _____.
8. Weil die Klasse laut war, gab es eine Strafarbeit. Alle Kinder mussten einen Text aus dem Lesebuch _____.

L5 Unterrichtsfächer

Ergänzen Sie die Vokale.

In der Grundschule in Bayern gibt es folgende Fächer:

(1.) D_eu_tsch

(2.) M_th_m_t_k

(3.) H___m_t- und S_chk_nd__nt_rr_cht

(4.) W_rk_n / T_xt_l_s G_st_lt_n

(5.) M_s_k_rz__h_ng

(6.) Sp_rt_rz__h_ng

(7.) R_l_g__ns_nt_rr_cht (oder _th_k)

L6 Sprüche und Witze

Ergänzen Sie. Achten Sie bei Verben auf die korrekte Form.

> sich wundern • großschreiben • sich melden • schreiben
> ~~Unterricht~~ • Beispiel • radieren • erklären • Lehrer • Diktat

Wenn alles schläft und einer spricht
Nennt man dieses (1.) Un *terricht*.

Der Lehrer (2.) er_____: Worte, die mit der
Silbe „un"- anfangen, bedeuten immer etwas
Schlechtes, wie „unglücklich" oder „Unfall".
Kennt ihr noch ein (3.) Bei_____?

Fritz (4.) me_____ und sagt: Ich kenne
noch eins: „Unterricht."

1, 2, 3, 4, 6, 7,
in der Schule wird (5.) ge_____
in der Schule wird (6.) ra_____
bis der Lehrer explodiert.

Max schreibt im (7.) Di_____ das Wort
„Tiger" klein. Der (8.) Le_____ sagt: „Habe
ich dir nicht schon oft erklärt: Alles, was man
anfassen kann, wird (9.) gr_____."
(10.) Wu_____ Max: „Glauben Sie wirklich, dass man einen Tiger anfassen kann?"

L7 Prüfungen

Ergänzen Sie. Achten Sie bei Verben auf die korrekte Form.

> lösen • Klassenarbeit • Test • verbessern • ~~Probe~~
> sich vorbereiten • schriftlichen • mündlichen

1. Habt ihr die HSU-Pr_obe_* geschrieben?
2. Theo be_____ auf die Abschlussprüfung _____.
3. Sie wissen nicht, wann die Kl_____ (A: Schularbeit) geschrieben wird.
4. Er war krank und konnte den T_____ nicht mitschreiben.
5. Bei der Abschlussprüfung gibt es einen schr_____ und einen mü_____ Teil.
6. Als Hausaufgabe mussten die Kinder die Fehler ver_____.
7. Die Aufgaben kann ich nicht lö_____, die sind viel zu schwierig.

> Punkt • Prüfung • Lösung • Frage • Resultat
> erreichen • bekommen

8. Er konnte die Aufgabe nicht lösen, weil er die Fr_____ nicht verstanden hat.
9. Ich warte auf das Ergebnis der Pr_____.
10. Er hatte nicht die nötige Punktzahl er_____, um die Prüfung zu bestehen.
11. Sie war mit dem Re_____ der Prüfung nicht zufrieden.
12. David war stolz. Er hatte eine Eins für sein erstes Referat be_____
13. Für diese schwere Aufgabe gibt es nur einen Pu_____, das ist aber wenig!
14. Die Lö_____ steht hinten im Buch, da kannst du nachschauen

---

*HSU ist eine gebräuchliche Abkürzung für das Fach Heimat- und Sachkunde in der Grundschule

L8 Sprachen lernen

Welches Wort ist kein Synonym?

1. Sie spricht ... Deutsch.
   ~~schlecht~~ – perfekt – hervorragend

2. Er kann nur ... Deutsch.
   gut – etwas – ein wenig

3. Das ...
   habe ich vergessen – fällt mir nicht ein – weiß ich

4. Das muss ich noch ...
   verbessern – korrigieren – fragen

5. Er ... die neuen Vokabeln.
   verwendet – kann – beherrscht

L9 Ich habe das nicht verstanden

Wie heißen die Wörter?

1. Ich habe das nicht (stenandver) _verstanden_ . Können Sie das
   bitte noch einmal (hoenderlwie) _____?

2. Können Sie das bitte noch einmal (enkläerr) _____?

3. Könnten Sie bitte etwas lauter (nechspre) _____?

4. Was (etdeubet) _____ das Wort „chillen"?

5. Können Sie das Wort bitte (staenbuchbier) _____?

6. Gibst du mir bitte mal dein (teuchWörrb) _____?

L10 Sprachliche Aktivitäten

Ergänzen Sie. Achten Sie bei Verben auf die korrekte Form.

> zusammenfassen • reden • übersetzen • ~~schreiben~~ • zuhören
> lesen • aussprechen • Kommunikation • nennen • meinen

1. Pedro kann sehr gut Deutsch sprechen, aber er kann nicht gut
   sch_*reiben*_.
2. Er hö_____ sehr konzentriert z__, konnte aber nicht viel verstehen.
3. Die Lehrer haben die Kursteilnehmer gebeten, miteinander Deutsch z
   re_____.
4. Die Kinder konnten das Wort „Kaulquappe" nicht aus_____.
5. Von den wird Eltern erwartet, dass sie mit ihren Kinder le_____ über
6. Er musste seinen Eltern den Brief ins Türkische üb_____.
7. In der Prüfung musste er fünf deutsche Bundesländer n_____.
8. Sie sollte das Wichtigste des Textes kurz zu_____.
9. Ich mei___, dass er mit seiner Kritik recht hat.
10. Die Ko_____ ist schwierig, weil das neue Au-pair-Mädchen
    kaum Deutsch spricht.

L11 Sprache

Was passt nicht?

1. der Buchstabe – ~~der Text~~ – die Silbe – der Umlaut – das Wort

2. das Alphabet – die Regel – die Ausnahme – die Grammatik

3. der Buchstabe – der Vokal – die Redewendung – der Konsonant

4. das Geschlecht – der Singular – feminin – neutrum

5. der Satz – der Ausdruck – die Redewendung – maskulin

L12 Verwendung, Verbesserung

Wie heißen die Substantive?

1. _die Verwendung_	Fremdwörter <u>verwenden</u>
2. _____	eine Entscheidung <u>begründen</u>
3. _____	etwas <u>wissen</u>
4. _____	etwas <u>verbessern</u>
5. _____	etwas <u>korrigieren</u>
6. _____	einen Namen <u>buchstabieren</u>
7. _____	einen Text <u>zusammenfassen</u>
8. _____	einen Satz <u>formulieren</u>

L13 Muttersprache und Fremdsprache

Ergänzen Sie.

Akzent • _Muttersprache_ • Dialekt • Zweitsprache • Fremdsprache

1. Er spricht perfekt Deutsch, obwohl seine _Muttersprache_ Englisch ist.
2. In Stuttgart habe ich den Schaffner zuerst nicht verstanden. Er sprach schwäbischen _____.
3. Sie spricht fließend Deutsch, hat aber einen starken französischen _____.
4. Als erste _____ wird häufig Englisch unterrichtet.
5. Mona unterrichtet im Kindergarten Deutsch als _____.

L

Universität

Ergänzen Sie. Achten Sie bei Verben auf die korrekte Form.

> Semester • Notendurchschnitt • studieren • ~~Studiengang~~
> abschließen • sich einschreiben • Universität

1. Im _Studiengang_ Medizin gibt es den sogenannten Numerus clausus, das heißt man darf nur studieren, wenn man einen bestimmten _____ hat.

2. An manchen Universitäten muss man eine Aufnahmeprüfung bestehen, bevor man _____ (A: sich inskribieren) kann.

3. Klaus hat nicht an der _____, sondern an der Fachhochschule _____.

4. Ein Studienjahr hat zwei _____.

5. Bettina hat ihr Studium in acht Semestern _____.

> Kommilitonin • Vorlesungen • promovieren • Professor
> Seminar • durchfallen • ablegen

6. Hans hat bei _____ Ehlich in München studiert.

7. Wie viele _____ hast du dieses Semester besucht?

8. Tina hat keinen Platz im _____ bekommen.

9. Ich mache die Seminararbeit mit einer _____.

10. Sie muss dieses Semester die Zwischenprüfung _____.

11. Hast du das Examen bestanden? Nein, ich bin leider

    _____.

12. Lea hat Magister gemacht und möchte jetzt _____.

L15 Schulsachen

Ordnen Sie zu.

> der Füller • das Heft • der Radiergummi • das Lineal
> der Wasserfarbkasten • die Schultasche • das Federmäppchen
> (A: das Federpennal / CH: das Etui) • die Schere • das Buch
> der Stift • der Block • der Spitzer

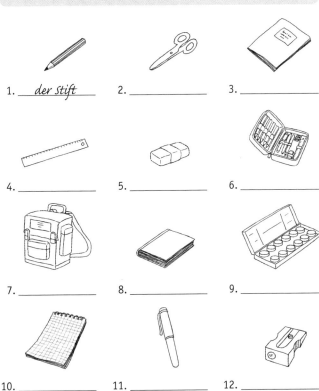

1. _der Stift_   2. _____   3. _____

4. _____   5. _____   6. _____

7. _____   8. _____   9. _____

10. _____   11. _____   12. _____

L16 Noch mehr Schulsachen

Ergänzen Sie.

> Rucksack • ~~Overheadprojektor~~ • Kugelschreiber • Bleistift
> Tintenkiller

1. Er musste mit dem O*verheadprojektor* Folien zeigen, da es an der
   Schule keinen Beamer gab.
2. Komm schreib erst mal mit B_____ in das Buch, damit du
   radieren kannst.
3. Die Kinder sollen keinen T_____ benutzen, machen es aber
   trotzdem.
4. Für die Klassenfahrt brauchst du noch einen R_____.
5. Bitte unterschreiben Sie mit K_____.

> Hausschuhe • Farben • Schnellhefter • Turnbeutel • Block
> Kino • Klebestift • Holzfarbstifte • Ordner • Borstenpinsel

6. Im Federmäppchen müssen zwei Bleistifte, H_____ und
   Filzstifte sein.
7. Die Kinder benötigen einen karierten und einen linierten gelochten
   B_____ – Kästchen und Lineatur 1. Klasse –, einen breiten
   O_____und einen gelben Sch_____.
8. Sie benötigen auch einen Wasserfarbkasten mit 12 F_____ und
   drei B_____ sowie drei Haarpinsel, jeweils dünn, mittel
   und dick.
9. Zum Basteln bitte einen K_____ und einen flüssigen Kleber
   besorgen.
10. Mein Sohn muss H_____ sowie einen T_____ mit
    Turnschuhen und Turnkleidung in der Schule haben.

M. Freizeit und Unterhaltung

M1 Was machen Sie in Ihrer Freizeit?

Ergänzen Sie die Verben in der korrekten Form.

1. ● Was machen Sie in Ihrer Freizeit?

   ◆ Ich (joggen) _jogge_ gerne nach der Arbeit. Und abends

   (lesen) _____ ich oft. Am Wochenende

   (fahren) _____ ich Rad. Und Sie?

   ● Ich (fotografieren) _____ und (kochen)

   _____ gerne.

2. ◆ Was sind denn deine Hobbys?

   ● Ich (sich treffen) _____ nach den Hausaufgaben

   meistens mit Freunden. Wir

   (Fußball spielen) _____ _____ und im

   Sommer gehen wir oft (schwimmen) _____. Abends

   (chatten) _____ ich meistens. Und was machst du

   gerne?

   ◆ Ich (gerne Musik hören) _____. Abends

   (gehen) _____ ich oft ins Kino oder manchmal in die

   Disco.

M2 Hobbys

Was passt zu welchem Bild?

> Karten spielen • wandern • Tennis spielen • ins Theater gehen
> Fußball spielen • shoppen gehen • Ski fahren
> ~~fernsehen~~ • spazieren gehen

1. *fernsehen*

2. _____

3. _____

4. _____

5. _____

6. _____

7. _____

8. _____

9. _____

M3 Freizeit

Ergänzen Sie. Achten Sie bei Verben auf die korrekte Form.

> Wochenende • Urlaub • ~~Freizeit~~ • Ferien • frei haben • Feiertag

1. Die Zeit, in der man weder im Beruf noch im Haushalt arbeiten muss, nennt man _Freizeit_.
2. Ich _____ am Freitag _____, weil am Donnerstag Feiertag ist
3. Der 1. Mai, der sogenannte Tag der Arbeit, ist ein _____.
4. Wann fangen bei euch dieses Jahr die _____ an? Am 30. Juli.
5. ● Kommst du am Samstag zum Sommerfest? ◆ Nein, dieses _____ habe ich Dienst.
6. ● Wohin fahrt ihr dieses Jahr in (A: auf) _____? ◆ Wir fahren wieder nach Elba.

M4 Malen, basteln, fotografieren

Ergänzen Sie. Achten Sie bei Verben auf die korrekte Form.

> entwickeln • zeichnen • basteln • ~~malen~~ • Batterien
> Foto • Film • Digitalkamera

1. Die Kinder _malen_ im Kindergarten mit Wasserfarben und Wachsmalkreiden.
2. Leonie _____ wunderschöne Bilder mit Buntstiften.
3. An Weihnachten _____ wir mit unseren Kindern oft Sterne.
4. ● Hast du das _____ selbst gemacht? ◆ Nein, das ist vom Fotografen.
5. ◆ Hast du noch einen _____ für die Kamera? ● Nein, aber nimm doch die _____. ◆ Bei der sind die _____ all
6. Ich muss die Fotos noch _____ lassen, aber dann bekommst du von mir Abzüge.

M5 Spielen

Wie heißen die Wörter?

1. „Mensch-ärgere-Dich-nicht" (nlespie) _spielen_ wir nur, wenn keiner heult, wenn er verliert.
2. Ich habe einfach kein (üGckl) _____. Nie würfele ich eine Sechs.
3. Die 5-Jährigen üben den (llaB) _____ werfen und fangen.
4. ◆ Welches (leuieSpzg) _____ mögen deine Jungs? ● Sie spielen gerne Lego.
5. Ihr sitzt schon ganz schön lange am Computer, jetzt macht ihr mal was anderes als (spCouterielemp) _____.

M6 Musik und Musikinstrumente

Ergänzen Sie. Achten Sie bei Verben auf die korrekte Form.

> Konzert • Gitarre • Saxofon • Instrument • Geige • Flügel
> Trompeten • Orchester • Lied • Musik

1. ● Spielt deine Tochter ein _Instrument_? ◆ Ja, Blockflöte.
2. Ich finde es sympathisch, dass Bill Clinton _____ spielen kann.
3. ◆ Wer spielt bei dem Konzert am _____? ● Der Pianist Lang Lang.
4. ● Warum machst du die Fenster zu? ◆ Die Tochter unserer Nachbarn übt _____.
5. Er spielt auf der _____ sehr schöne Flamencostücke.
6. Bei den Blechbläsern spielen im _____ Hörner, _____ und Posaunen.
7. ◆ Wollen wir Ilse Eintrittskarten für ein _____ in der Philharmonie schenken? ● Ich weiß nicht, bist du dir sicher, dass sie klassische _____ mag?
8. Ein sehr berühmtes _____ der Beatles ist „Yesterday".

M

M7 Veranstaltungen
Was passt? Kreuzen Sie an.

1. Die Veranstaltung ...
   ☒ findet statt   ☒ fällt aus   ☒ ist gut besucht

2. Karten gibt es ...
   ☐ im Vorverkauf   ☐ ausverkauft   ☐ an der Abendkasse

3. Ich möchte gerne Karten ...
   ☐ bestellen   ☐ kaufen   ☐ reservieren

4. Montags ist das Museum leider
   ☐ geschlossen   ☐ zu   ☐ privat

M8 Fußball
Ergänzen Sie.

> Tor • Verein • Trainer • Sportplatz • ~~Mannschaft~~ • Spiel
> Stadion • trainieren

1. ● Für welche _Mannschaft_ ist denn dein Sohn? ◆ Er ist für Werder Bremen.
2. ◆ Na, wie war das _____? ● Simon ist stolz, er hat das einzige _____ geschossen.
3. Der deutsche _____ bei der Weltmeisterschaft 2006 war Jürgen Klinsmann.
4. Das neue _____ in München heißt „Allianz-Arena".
5. Die Jugendlichen, die im _____ Fußball spielen, _____ zweimal die Woche.
6. Wir trainieren jetzt nicht mehr in der Halle, sondern auf dem _____.

M9 Alles ums Konzert

Ergänzen Sie. Achten Sie bei Verben auf die korrekte Form.

> Platz • Eintrittskarten • frei • Toiletten • Garderobe • klatschen

1. Hast du noch _Eintrittskarten_ bekommen? Ja, aber nur Stehplätze.

2. Das Konzert kostete nichts, der Eintritt war _____.

3. Komm, lass uns die Jacken an der _____ abgeben.

4. ● Wo sind unsere Plätze? ◆Reihe 9, _____ 7 und 8.

5. In der Pause waren vor den _____ lange Schlangen.

6. Das Publikum war begeistert und _____ lange Beifall.

M10 Kino, Kino

Ergänzen Sie. Achten Sie bei Verben auf die korrekte Form.

> DVD • Hauptdarsteller • anschauen • Schauspieler
> Regisseure • Film • Kino

1. Bekannte deutsche Sch _auspieler_ sind Armin Müller-Stahl, Katja Riemann und Til Schweiger.

2. Wim Wenders und Sönke Wortmann sind berühmte deutsche Re_____.

3. Weißt du, ob der F____ „Das Parfüm" noch im K____ läuft?

4. Willst du dir den neuen Harry-Potter-Film an_____?

5. Kate Winslet und Leonard DiCaprio sind die Hau_____ im Film „Titanic".

6. Ich schaue mir den Film nicht im Kino an, den gibt es doch bald auf D____.

M11 Sportquiz

Raten Sie.

1. Warum trägt der Torhüter große Handschuhe? a. damit er den Ball besser fangen kann b. weil er friert c. damit er im Kampf geschützt ist	2. Ein Fußballmannschaft hat elf Spieler. Wen nennt man den „zwölften Mann"? a. den besten Ersatzspieler b. den Schiedsrichter c. die Zuschauer beim Spiel zu Hause
3. Was passiert beim Autorennen beim Boxenstopp? a. der Fahrer muss auf die Toilette b. der Fahrer will eine Pause machen c. das Auto wird betankt	4. Wann spielt man in der Fußball-Bundesliga mit einem roten Ball? a. beim Endspiel b. wenn Schnee liegt c. wenn der Schiedsrichter verliebt ist

M12 Es lebe der Sport

Was passt nicht?

1. Wir spielen heute:
   Handball – Fußball – Tennis – ~~Elfmeter~~

2. Der Pool ist wunderschön zum:
   Surfen – Schwimmen – Segeln – Rudern

3. Im Winter gehen wir oft in die Schweiz zum:
   Skilaufen – Golfen – Tauchen – Klettern

4. Nach der Arbeit gehe ich gerne noch
   walken – wandern – joggen – laufen

N1 Beziehungen und Kontakte

Ergänzen Sie. Achten Sie bei Verben auf die korrekte Form.

> Kontakt • zusammen • treffen • Beziehungen • ~~Kollegin~~
> kennenlernen • persönlich

1. Ich möchte Ihnen unsere neue *Kollegin* Frau Rau vorstellen.
2. Er bekam den Auftrag, weil er gute _____ zum Chef hat.
3. Sie hat noch _____ zu der französischen Familie, bei der sie als Gastschülerin war.
4. Herrn Hernan habe ich bei einem internationalen Kongress _____.
5. Ich habe Frau Stix zufällig am Flughafen _____.
6. Ich kenne Herrn Liebl nicht _____, aber ich habe viel von ihm gehört.
7. Fahren wir _____ oder möchtest du lieber alleine fahren?

> Team • gefallen • vertrauen • duzen • Du sagen
> Sie sagen • mögen

8. Du kannst ihr wirklich _____, ich arbeite seit Jahren mit ihr zusammen.
9. Es _____ mir in der neuen Firma sehr gut.
10. Es ist noch ungewohnt für mich, dass sich hier in der Firma alle _____.
11. Zu Kinder unter fünfzehn Jahren _____ man _____.
12. Zu Erwachsenen, die man nicht kennt, _____ man _____.
13. Die neue Geschäftspartnerin von Tom _____ ich nicht.
14. Er arbeitet nicht gerne alleine, sondern lieber im _____.

N2 Liebe

Ergänzen Sie. Achten Sie bei Verben auf die korrekte Form.

> Ehepartner • streicheln • Beziehung • lieb haben • ~~geschieden~~
> zärtlich • schlafen mit • Sex

1. Er ist nicht mehr verheiratet, er ist schon lange g_eschieden_ .

2. Sie wollte nicht mehr m___ ihm sch_____ seit sie wusste,
   dass er eine B_____ zu seiner Praktikantin hat.

3. Bei dem Empfang waren auch die E_____ eingeladen.

4. Der Film ist langweilig, darin geht es nur um S___.

5. „Ich h___ dich l_____", sagte die Mutter und tröstete ihr Kind.

6. Sie st_____ ihr Baby und gab ihm z_____ einen Kuss.

N3 Scheidung und Konflikte

Wie heißen die Verben?

1. die Scheidung   Sie werden _sich_ dieses Jahr _scheiden_
   lassen .

2. der Streit   Er _____ _____ oft mit seiner Frau.

3. die Lüge   Du sagst nicht die Wahrheit, du _____.

4. die Trennung   Sie haben _____ _____.

5. die Beleidigung   Sie hat ihn oft _____.

6. die Diskussion   Er muss immer über alles _____.

N4 Einladungen und Verabredungen

Ordnen Sie zu.

1. Wollen Sie gleich einen neuen Termin ausmachen?
2. Guten Tag, mein Name ist Janzen. Ich bin mit Herrn Vidal verabredet.
3. Warten wir noch auf die restlichen Teilnehmer?
4. Siehst du Frau Klodwig morgen?
5. Hast du eine Idee, was wir Frau Dix bei der Abschiedsfeier schenken können?
6. Wie viele Gäste werden zum Sommerfest erwartet?
7. Ich möchte dich für Samstag zu meiner Geburtstagsparty einladen.

a) Das tut mir leid, aber da kann ich leider nicht kommen, ich muss arbeiten.
b) Nein, über ein Geschenk habe ich noch nicht nachgedacht.
c) Herr Vidal, Frau Janzen ist am Empfang Sie.
d) Nein, ich rufe Sie nächste Woche noch einmal an.
e) Wir erwarten ca. 200 Personen.
f) Ja, wir wollen morgen zusammen essen gehen.
g) Nein, wir fangen gleich mit der Schulung an.

1.	2.	3.	4.	5.	6.
d					

N5 Herzlich willkommen

Ergänzen Sie. Achten Sie bei Verben auf die korrekte Form.

> gehen zu • Besuch • Gäste • mitbringen • Einladung
> Herzlich willkommen

1. An der Eingangstür hing ein Schild „ _Herzlich willkommen_ ".
2. Hast du die _____ für die Geburtstagsparty schon bekommen?
3. Die Schwiegereltern kommen an Weihnachten immer zu _____.
4. Für die französischen _____ wurde ein Empfang mit bayerischem Essen organisiert.
5. _____ du ____ der Abschiedsfeier von Frau Beel?
6. Muss man zum Schulfest wieder Teller und Besteck _____?

N6 Beim Empfang

Wie heißen die Verben?

1. Darf ich Ihnen ein Glas Sekt (enbaniet) _anbieten_ ?
2. Darf ich Sie zu einem Glas Champagner (ladeinen) _____?
3. Ich möchte mich gerne mit Herrn Richter (teralhunten) _____.
4. Ich möchte noch kurz mit dem neuen Teamleiter (renchspe) _____ .
5. Du musst mir (zärelenh) _____, wie euer Urlaub in Neuseeland war.
6. Wir können nächste Woche noch einmal über das Projekt (enred) _____ .
7. Über dieses Thema sollten wir momentan besser nicht (tiekuendisr) _____ .

N7 Korrespondenz

Was passt nicht?

1. eine Einladung: schreiben – bekommen – ~~antworten~~ – kriegen
2. auf eine Einladung: reagieren – antworten – danken – warten
3. ich schreibe mit: Brief – Kugelschreiber – Bleistift – Füller
4. ich brauche: einen Zettel – ein Blatt – Papier – Post
5. ich schreibe: einen Brief – ein Kuvert (CH: Couvert) – eine Postkarte – eine Ansichtskarte

N8 Im Fußballverein

Ergänzen Sie.

> Klub • Verein • ~~Mitglieder~~ • Trainer • treffen • Spenden
> Vereinsheim • Versammlung

1. Seit der Fußballweltmeisterschaft ist die Zahl der _Mitglieder_ stark gestiegen.

2. Seit wann sind Sie Mitglied im _____.

3. Das Sommerfest findet im _____ statt.

4. Wer schreibt die Einladung für die nächste _____?

5. ● In welchem _____ spielt dein Sohn? ◆ Er spielt im FC Waldperlach.

6. _____ wir uns nächsten Freitag bei der Mitgliederversammlung?

7. Für die Seniorenmannschaft wird ein neuer _____ gesucht.

8. Wir müssen noch _____ für einen neuen Rasenmäher sammeln.

0. Politik und Gesellschaft

0

01 Aktuelle Ereignisse und Schlagzeilen
Ergänzen Sie.

> Schlagzeile • gefährlich • Nachrichten • Katastrophen • Unglück
> ernst • aktuellen

1. Machst du mal die _Nachrichten_ an. Es ist ein schreckliches
   _____ mit einem ICE passiert.

2. Im Irak gibt es momentan einen Bürgerkrieg und das Leben dort
   ist sehr _____.

3. Die Lage im Krisengebiet ist sehr _____, die UNO versucht zu
   vermitteln.

4. Schaust du mal im Internet die _____ Meldungen nach?

5. ● Mein Gott, zu Knuth dem Eisbären gibt es schon wieder eine
   _____! ◆ Was hast du denn, dann sind schon keine
   _____ passiert. Der Bär ist doch so süß!

02 Politik allgemein
Was passt? Kreuzen Sie an.

1. Man kann einen Kompromiss ...
   ☒ suchen   ☒ finden   ☐ lösen
2. Man kann Änderungen ...
   ☐ wollen   ☐ fordern   ☐ verlangen
3. Man kann ein Problem ...
   ☐ lösen   ☐ einigen   ☐ loben
4. Man kann Reformen
   ☐ machen   ☐ beschließen   ☐ verhindern

03 Die UNO

Ergänzen Sie. Achten Sie bei Verben auf die korrekte Form.

> schicken • lösen • kämpfen • Konflikte • Organisation
> Mitglied • Frieden • Lösungen • Streit • Krieg • Soldaten

Fast alle Länder der Welt sind (1.) _Mitglied_ der UNO. Das wichtigste Ziel der (2.) _____ ist, den (3.) _____ in der Welt zu sichern. Die Mitglieder treffen sich deshalb regelmäßig, um über (4.) _____ in der Welt zu sprechen und (5.) _____ dafür zu suchen. Eine wichtige Rolle spielt dabei der Generalsekretär. Er versucht zwischen den Ländern, die gegeneinander (6.) _____ führen, zu vermitteln und macht Vorschläge, wie man die Konflikte (7.) _____ könnte. Manchmal (8.) _____ die UNO auch Soldaten in Länder, in denen es Krieg gab. Die (9.) _____ sollen dann aber nicht (10.) _____, sondern helfen, dass nicht wieder (11.) _____ und Krieg zwischen den ehemaligen Gegnern ausbricht.

04 Kritik und kritisieren

Wie heißen die Verben?

1. die Kritik	_kritisieren_
2. der Protest	_____
3. das Lob	_____
4. die Demonstration	_____
5. der Streik	_____
6. die Reform	_____
7. die Regierung	_____
8. die Wahl	_____

05 Das politische System der Bundesrepublik Deutschland
Ordnen Sie zu.

1. Wer wählt den Bundeskanzler bzw. die Bundeskanzlerin?

2. Welche Aufgaben hat der Bundeskanzler?

3. Welche Aufgaben hat der Bundespräsident?

4. Was machen Minister und Ministerinnen?

5. Was ist der Bundesrat?

6. Wer ist der mächtigste Politiker, der Bundespräsident oder der Bundeskanzler?

7. Wer ist die Bundesregierung?

a) Die Hauptaufgabe des Bundeskanzlers bzw. der Bundeskanzlerin ist es, gemeinsam mit den Ministern zu regieren.

b) Der Bundeskanzler bzw. die Bundeskanzlerin ist die mächtigste Person.

c) Das Team, das Deutschland regiert: der Bundeskanzler bzw. die Bundeskanzlerin und ihre Minister und Ministerinnen.

d) Die Abgeordneten des Deutschen Bundestages wählen den Bundeskanzler bzw. die Bundeskanzlerin.

e) Er vertritt die Bundesrepublik Deutschland. Seine Hauptaufgabe ist das Repräsentieren.

f) Sie entwerfen Gesetze, über die der Bundestag abstimmt.

g) Die Vertretung der sechzehn deutschen Bundesländer.

1.	2.	3.	4.	5.	6.	7.
d						

06 Parlament, Regierung, Parteien

Ordnen Sie zu. Achten Sie bei Verben auf die korrekte Form.

> Bundeskanzlerin • Innenminister • Außenminister • ~~Königin~~
> Regierung • Parlament

1. Das Staatsoberhaupt von England ist eine _Königin_ : Queen
   Elizabeth II.
2. Demokratie ist, wenn das Volk seine _____ selbst bestimmt.
3. Der _____ kümmert sich um die Beziehung zu anderen
   Ländern.
4. Der _____ ist für die Ordnung im Land und für die Polizei
   zuständig.
5. Das _____ in Osterreich und der Schweiz heißt
   „Nationalrat".
6. Seit November 2005 ist Angela Merkel in Deutschland
   _____. Sie ist die erste Frau in diesem Amt.

> SPD • FDP • CSU • CDU • Bundespräsident • Parteien • Gesetz
> zustimmen • abstimmen • beraten • Mehrheit

7. Nachdem die Regierung ein _____ vorgeschlagen hat, _____
   das Parlament über das Gesetz.
8. In der Bundesrepublik Deutschland _____ der Bundestag über
   Gesetze ___. Wenn die _____ dem Gesetz zustimmt, wird das
   Gesetz angenommen. Bei Gesetzen, die das Grundgesetz betreffen,
   muss aber auch noch der Bundesrat _____.
9. Die größten und bekanntesten _____ in Deutschland sind die
   _____ (Christlich Demokratische Union), _____ (Christlich Soziale
   Union), _____ (Sozialdemokratische Partei Deutschlands), _____
   (Freie Demokratische Partei) und Die Grünen.
10. In der Schweiz heißt das Staatsoberhaupt _____.

07 Wirtschaft

Ergänzen Sie. Achten Sie bei den Verben auf die korrekte Form.

> Waren • Lohn • Arbeiter • ~~Wirtschaft~~ • produzieren
> pleitegehen • verdienen • entlassen • Fabrik • Gewinn

„Mama, was heißt das, der (1.) Wi_rtschaft_ geht es schlecht?"
„Wenn es der Wirtschaft schlecht geht, dann verkaufen die Firmen
wenig (2.) W_____ und sie verdienen wenig Geld. Es kann
dann passieren, dass Firmen (3.) pl_____ und viele Arbeiter
(4.) ent_____ werden."
„Und wenn es der Wirtschaft gut geht, dann haben alle Arbeit?"
„Na ja, so einfach ist das nicht. Oft geht es den Firmen gar nicht
schlecht und trotzdem werden (5.) Ar_____ entlassen. Die
Chefs der Firmen überlegen sich nämlich, wie sie noch mehr Geld
(6.) ver_____ können. Sie schließen dann eine (7.)
Fa_____ und lassen in Ländern produzieren, in denen die
Arbeiter weniger (8.) L_____ bekommen. So machen sie noch
mehr (9.) G_____."
„Aber wenn die Arbeiter keine Arbeit haben, haben sie doch kein
Geld, um das zu kaufen, was billig (10.) pr_____ wurde."
„Ach ..."

08 Gewinn und Verlust

Ergänzen Sie das Gegenteil mit Artikel.

1. der Gewinn   ↔ (stluVer) _der Verlust_
2. der Export   ↔ (rtImop) _____
3. exportieren   ↔ (erimtienpor) _____
4. die Preise steigen   ↔ die Preise (lenfal) _____
5. der Handel wird zunehmen ↔ der Handel wird (aehbennm)

     _____

6. arm   ↔ (cheir) _____

Lösungen

A. Personalien

A1 1. Name   2. Vorname
3. Geburtsdatum   4. Straße
5. Hausnummer   6. Postleitzahl
7. Wohnort   8. Staat   9. Pass-
Nummer   10. Telefonnummer
11. E-Mail

A2 1. c   2. d   3. f   4. b   5. a   6. e

A3 1. verliebt   2. Postleitzahl   3. Fax
4. Familienstand   5. Geburtsort
6. verwandt

A4 1. kommen – lebe   2. alt – Jahr
3. Adresse – wohne
4. Familienname   5. Beruf
6. Sprachkenntnisse – Muttersprache
7. buchstabieren   8. geboren
9. Kinder – Tochter   10. Geburtsort

A5 1. der Grieche   2. die Österreicherin
3. Polen   4. der Türke   5. Russland
6. der Finne   7. Schweden   8. die
Portugiesin   9. Brasilien   10. der
Argentinier

A6 1. der Türkei   2. den USA
3. Spanien   4. der Schweiz
5. Indien   6. dem Iran

A7 1. Italien – Italiener – Italienerin –
Italiener – italienisch   2. Deutschland – Deutscher – Deutsche – Deutscher – deutsch   3. Japan – Japaner
– Japanerin – Japaner – japanisch
4. den Niederlanden – Niederländer
– Niederländerin – Niederländer –
niederländisch   5. Großbritannien –
Brite – Britin – Brite – britisch
6. Frankreich – Franzose – Französin
– Franzose – französisch   7. aus
der Schweiz – Schweizer – Schwei-
zerin – Schweizer – schweizerisch
8. den USA – (US-)Amerikaner –
(US-)Amerikanerin – (US-)Amerika-
ner – US-amerikanisch

A8 1. China   2. Dänemark
3. Griechenland   4. Belgien
5. Schweden   6. Tschechien
7. Ungarn   8. Finnland

A9 1. Belgien   2. Deutschland
3. Finnland   4. Frankreich
5. Griechenland   6. Irland
7. Italien   8. Luxemburg
9. Niederlande   10. Österreich
11. Portugal   12. Spanien

A10 Afrika – Amerika – Australien –
Asien – Europa

A11 1. Belgien   2. Bulgarien
3. Dänemark   4. Deutschland
5. Estland   6. Finnland
7. Frankreich   8. Griechenland
9. Großbritannien   10. Irland
11. Italien   12. Lettland
13. Litauen   14. Luxemburg
15. Malta   16. Niederlande
17. Österreich   18. Polen
19. Portugal   20. Rumänien
21. Schweden   22. Slowakei
23. Slowenien   24. Spanien
25. Tschechien   26. Ungarn
27. Zypern

A12 1. die Adresse der Botschaft suchen
2. zur Botschaft gehen   3. das
Visum beantragen   4. das Visum
wird ausgestellt / das Visum bekommen   5. einreisen   6. das Visum
läuft ab   7. das Visum wird verlängert   8. ausreisen

A13 1. weggelaufen   2. verkürzt
3. zureisen   4. arbeiten
5. verzollen   6. verlieren

B. **Informationen zur Person**

B1 1. Onkel   2. Tante   3. Cousin
4. Cousine   5. Großmutter
6. Schwiegereltern   7. Nichte
8. Neffe   9. Enkel   10. Schwager

B2 1. die Mutter   2. die Tochter
3. die Großmutter   4. die Schwester
5. die Tante   6. die Nichte
7. die Frau   8. das Mädchen

B3 1. Oma – Opa   2. Eltern
3. Geschwister   4. Enkelkinder
5. Mutti   6. Verwandtschaft
7. Angehörigen   8. Baby

B4 1. sich kennenlernen   2. sich ver-
lieben   3. sich verloben
4. heiraten   5. Kinder bekommen
6. sie lebten glücklich bis an ihr
Lebensende

B5 1. Paar   2. leben zusammen
3. ledig   4. Ehe   5. Kuss
6. Alleinerziehenden   7. Single
8. Hochzeit

B6 Sehr geehrter Herr Prof. Dr. Siebert,
ich möchte Ihnen ganz herzlich zu
Ihrem 40. Geburtstag gratulieren.
Ich möchte Ihnen alles Gute wün-
schen, vor allem Glück und Gesund-
heit und weiterhin viel Erfolg.
Mit herzlichen Grüßen
Dr. Manfred Müller

B7 1. Entschuldigung   2. Brief
3. Umzug   4. Schulfreundin
5. Heimweh   6. Mitschüler
7. Nachbarn   8. Jungen
9. Freunde   10. Kollegen
11. Grüße

B8 1 a   2 e   3 d   4 c   5 b

B9 1. unfreundlich   2. höflich
3. unsympathisch   4. faul
5. interessant   6. ungeduldig

B10 1. tut ... leid   2. geklingelt
3. kommen ... rein   4. kennengelernt   5. winken   6. Bestellen –
Grüße   7. mich ... verabschieden –
mich ... bedanken   8. Einladung –
ausgezeichnet   9. gratulieren
10. einpacken

B11 1. distanziert – kalt   2. zuverlässig
– lieb   3. eingebildet   4. geduldig
– gerecht   5. geizig   6. fleißig
7. egoistisch   8. streng   9. stolz –
neugierig   10. sympathisch – nett

C. **Körper und Körperpflege**

C1 1. der Kopf   2. die Nase   3. der
Mund   4. der Hals   5. der Arm
6. der Bauch   7. das Bein   8. das
Knie   9. der Fuß   10. die Haare
11. das Auge   12. das Ohr   13. die
Zähne   14. die Schulter   15. der
Rücken   16. die Brust   17. die
Hand   18. der Zeh

C2 1. die Augen   2. die Ohren   3. die
Hände   4. die Haare   5. die Füße
6. die Beine   7. die Zähne   8. die
Finger

C3 1. die Lunge   2. das Herz   3. die
Leber   4. der Magen   5. der Darm

C4 1. das Blut   2. der Mund   3. der Po
4. der Zeh

C5 1. sehen   2. hören   3. riechen
4. packen   5. fressen

C6 1. Durst   2. Rucksack   3. Hunger
4. Pause   5. muss mal   6. Park-
platz   7. Klo   8. schwitze   9. heiß
10. warm   11. die Klimaanlage   12.
friere   13. kalt   14. angenehm

C7 1. Kulturbeutel 2. Zahnbürste 3. Zahnpasta 4. Kamm 5. Seife 6. Shampoo 7. Sonnencreme 8. Taschentücher (CH: Nastücher) 9. Handtuch 10. Waschlappen 11. wasch 12. duschst 13. föhn 14. putzen 15. kämmen 16. wechsle 17. Wäsche 18. schmutzig

C8 1. ein Duschgel 2. schminken 3. ich möchte ein Bad nehmen 4. bitte keinen Rasierschaum

C9 1. Toilettenpapier – Taschentücher (CH: Nastücher) 2. Tampons – Damenbinden – Kondome 3. Deo – Parfüm 4. Rasierklingen 5. waschen 6. Drei-Tage-Bart – rasieren

C10 1. Sehr gut, danke! 2. Gut, danke. 3. Es geht so. 4. Schlecht. 5. Sehr schlecht!

C11 1. Termin 2. Quartal 3. Versicherungskarte 4. Praxisgebühr 5. Quittung 6. Wartezimmer

C12 1. fehlt 2. Halsschmerzen 3. Beschwerden 4. Fieber 5. Grad 6. Oberkörper 7. verschreiben 8. Tablette 9. Krankmeldung 10. schreibe ... krank 11. sich ... ausruhen 12. zu Ende nehmen 13. gute Besserung

C13 1. Krankenversicherung 2. abhören 3. verschreibe 4. Impfung 5. weh 6. Atmen ... ein 7. Überweisung 8. Sprechstunde (A: Ordination) 9. verstaucht 10. Tropfen

C14 1. schwanger 2. adoptieren 3. Krankenhaus – entbinden 4. Geburt – behindert 5. Zwillinge

C15 1. Grippe 2. Schnupfen – Husten 3. allergisch 4. Gesundheit 5. Durchfall – gebrochen 6. wird ... schlecht

C16 1. sich ... gebrochen 2. sich ... geschnitten 3. Unfall – verletzt 4. Wunde – bluten 5. sich ... verbrennen 6. heruntergestürzt

C17 1. Medikament 2. Pille 3. Pflaste 4. Salbe 5. Spray 6. Tabletten 7. Tropfen

C18 1. Zigarette 2. Nichtraucherflüge – Rauchen 3. Feuer – Feuerzeug 4. Aschenbecher – verboten 5. Packung 6. süchtig – anzünden

D. Wahrnehmung und Aktivitäten

D1 1. sehen 2. blind 3. schauen 4. hinschauen 5. merken 6. bemerkt

D2 1. **an**gucken 2. **an**schauen 3. **zu**schauen 4. **weg**schauen 5. **auf**passen

D3 1. anhören 2. ruft 3. versteht 4. Hörst ... zu 5. hinhörst 6. gehört

D4 1. anfassen (A: angreifen) 2. berühren 3. probieren 4. riecht 5. stinkt 6. Fühl 7. Spürst 8. schmeckt

D5 1. bücken 2. gelaufen 3. gehen 4. wandern 5. springt 6. mich bewegen 7. gehüpft 8. rannte

D6 1. hängen 2. winken 3. ausmachen 4. mischen 5. aufkleben

07 1. deckt 2. holst 3. bring 4. abschneiden 5. dich ... schneidest 6. Gibst 7. gemacht 8. kontrolliert 9. geschossen 10. nimm 11. einschenken 12. pass ... auf 13. gießt 14. benutzt 15. abgewischt 16. tritt 17. essen

08 1. liegt 2. steckt 3. Legst 4. gehängt – gehangen 5. gestellt 6. sich ... hinlegen 7. mich ... setzen – nehmen ... Platz 8. aufstehen 9. stehen 10. sitzt 11. gelegt 12. gesteckt

E. Wohnen und Hausarbeit

E1 1. wohnt ... bei 2. Studentenwohnheim 3. zu Hause 4. ausziehen 5. Zimmer 6. Apartments 7. Wohngemeinschaft 8. Haus 9. Wohnung 10. Garten 11. Altersheim 12. Pflegeheim 13. Lage 14. Nähe 15. Stock 16. Balkon 17. Hof 18. Eigentumswohnung 19. Erdgeschoss 20. Terrasse 21. Tiefgarage 22. Keller

E2 1. das Dach 2. der Schornstein 3. das Schlafzimmer 4. das Gästezimmer 5. das Kinderzimmer 6. das Bad 7. das Arbeitszimmer 8. das Treppenhaus (A: das Stiegenhaus) 9. die Küche 10. das Wohnzimmer (A: die Stube) 11. die Toilette 12. die Treppe 13. der Kamin 14. der Keller 15. der Hobbyraum

E3 1. der Fernseher 2. das Klavier 3. der Vorhang 4. der Sessel 5. die Lampe 6. das Bild 7. das Regal 8. das Sofa / die Couch 9. das Kissen 10. die Katze

11. der Tisch 12. die Vase 13. der Teppich 14. die Pflanze

E4 1. die Tische 2. die Teppiche 3. die Sessel 4. die Bilder 5. die Lampen 6. die Betten 7. die Schränke 8. die Sofas

E5 1. die Mikrowelle 2. die Kaffeemaschine 3. das Geschirr 4. die Uhr 5. der Herd 6. der Kühlschrank 7. die Spülmaschine 8. die Spüle (A: die Abwasch) 9. der Wasserhahn

E6 1. die Dusche 2. der Spiegel 3. die Zahnbürste 4. die Badewanne 5. die Badeente 6. das Waschbecken (CH: das Lavabo) 7. das Handtuch 8. das Toilettenpapier 9. die Toilette / das Klo

E7 1. klein 2. möbliert 3. hell 4. alt 5. teuer 6. ruhig 7. breit 8. schmutzig

E8 1. Zimmer, Küche, Bad 2. Einbauküche 3. Nebenkosten 4. Parkett 5. Tiefgarage 6. Erdgeschoss 7. Dachgeschoss 8. erstes Obergeschoss 9. zwei Monatsmieten Kaution 10. Heizung 11. Balkon 12. ab sofort 13. Fußbodenheizung 14. Keller 15. Wohnfläche 16. Doppelhaushälfte

E9 1. Anzeige (CH: Annonce) 2. frei 3. liegt 4. ruhig 5. Tempo-30-Zone 6. hell 7. Süden 8. Kaution 9. Monatsmieten 10. Nebenkosten 11. betragen 12. besichtigen 13. vorbeikommen 14. das geht

E10 1. mieten 2. kosten 3. heizen 4. kündigen 5. umziehen 6. besichtigen

E11 1. Telefon 2. Internetanschluss 3. Handy 4. Verbindung 5. Fax-anschluss 6. E-Mail 7. Telefonleitung 8. Apparat 9. Wackelkontakt 10. erreichen 11. besetzt

E12 1. d 2. f 3. c 4. e 5. b 6. a

E13 1. der Gartenzaun 2. die Fensterbank 3. die Steckdose 4. das Treppenhaus 5. die Türklinke 6. der Dachboden 7. der Briefkasten 8. Haustür

E14 1. zugemacht 2. offen 3. absperren 4. auf

E15 1. Müll 2. trennen 3. Tonnen 4. Papier 5. Kompost 6. Abfall

E16 1. schmeiß 2. Mülleimer (A: Mistkübel, CH: Abfallkübel) 3. entsorgen 4. Mülltonne 5. Essensreste 6. Salat 7. Gartenabfälle 8. werfe ... weg

E17 Geschirr: abwaschen – abtrocknen – spülen Spülmaschine: ausräumen – einräumen – ausschalten Wohnung: putzen – aufräumen – sauber machen

E18 1. Putzeimer 2. Putzmittel 3. Putzlappen 4. stauben ... ab 5. Staubsauger 6. saugen 7. wischen 8. Mülleimer 9. putzen 10. Ordnung

E19 1. wasche – Wäsche 2. Waschmaschine – aufhängen 3. Wäschetrockner – lasse ... trocknen 4. bügelt 5. Bügeleisen 6. Wäscheständer

E20 1. Fernseher – Computer 2. Radio 3. Stereoanlage – Lautsprechern 4. Walkman

E21 1. Wasserleitung – Trinkwasser 2. kalt 3. Gas 4. Ofen – Holz 5. Kohle 6. Strom 7. Stecker – Steckdose 8. Stromleitungen 9. Kabel – Verlängerungskabel 10. Elektrogeräte – elektrische

E22 1. brennen 2. drücken 3. ist zu 4. drücken

F. Umwelt und Natur

F1 1. Stadtführung 2. begrüßen 3. Aussicht 4. Einwohner 5. Fluss 6. Brücke 7. erreichen 8. Tor 9. Krieg 10. Heisererplatz 11. Fußgängerzone 12. Frauenkirche 13. Rathaus 14. Heimatmuseum 15. besichtigen 16. geöffnet

F2 1. Schloss 2. anschauen 3. Mühle 4. Tor 5. Reichstag 6. Fernsehturm 7. Zoo 8. Schlange stehen

F3 1. Stadtviertel (A: Bezirk, CH: Quartier) 2. Stadtrand 3. Zentrum 4. Land 5. Vorort 6. Bach 7. Umgebung 8. Felder

F4 1. Industrie 2. flach 3. Kohle 4. schmutzig 5. Luft; 6. Fluss 7. Ufer 8. steilen 9. Felsen 10. oben 11. Schiffe; 12. entlang 13. eben 14. Landschaft 15. Burgen 16. steil

F5 1. das Gebirge 2. das Dorf 3. die Seilbahn 4. der Hügel 5. der Fluss 6. die Wiese 7. das Gipfelkreuz 8. die Kirche 9. der Bauernhof 10. der Wald 11. die Burg 12. die Brücke 13. das Feld 14. der See 15. die Straße

F6 1. Sommerferien 2. Meer 3. Insel 4. Küste 5. Nordsee 6. Ebbe 7. Strand

F7 1. Stadtteil 2. Nähe 3. Park 4. Innenstadt 5. Ufer 6. Kanal

F8 1. die Wurzel 2. das Blatt 3. der Stängel 4. der Samen 5. die Blüte 6. die Knospe 7. die Erde

F9 1. der Stamm 2. der Zweig 3. der Ast 4. das Nest 5. das Gras 6. die Wurzel

F10 1. verblühen 2. mähen 3. pflücken 4. ernten 5. fällen

F11 1. Der Hund 2. Die Katze 3. Der Esel 4. Das Schaf 5. Die Ziege 6. Der Hahn 7. Die Ente 8. Die Kuh 9. Das Schwein 10. Das Huhn

F12 1. Hasen 2. Fische 3. Papageien 4. Tiger 5. Bären 6. Krokodile 7. Flossen

F13 1. der Hahn 2. das Küken 3. die Maus 4. das Lamm 5. die Kuh 6. das Fohlen 7. das Kalb 8. die Henne 9. das Ferkel 10. der Stier 11. das Pferd 12. der Stall 13. das Schwein 14. der Maulwurf 15. das Schaf

F14 1. um Insekten zu fangen 2. der Storch 3. sie tanzen 4. weil Insekten bei schlechtem Wetter tief fliegen

F15 1. Frühling – kühl – frisch – sonnig 2. Sommer – heiß – hitzefrei 3. Herbst – Nebel – Wind – Stürme 4. Winter - Schnee

F16 1. heiter 2. bewölkt 3. Regenschauer 4. Regen 5. Gewitter 6. Schneeregen 7. Schnee 8. Nebel

F17 1. Schnee – mild 2. Frost 3. geschneit – glatt – Glatteis – Salz

F18 1. Hitze – Schatten 2. Wetterbericht – vorhergesagt – Himmel 3. Sonne – heiß – trocken 4. Gewitter – Wolken 5. Donner – Blitz

F19 1. den Schatten 2. bewölkt 3. gefriert 4. kühl 5. stürmen 6. trocken

F20 1. tröpfelt 2. schüttet 3. donnert 4. blitzt 5. Sonne

F21 1. regnet 2. nass 3. bunt 4. grün 5. Erde 6. Trocknen

F22 1. Osten 2. Süden 3. Westen 4. Norden

G. Reisen und Verkehr

G1 1. der Roller 2. das Fahrrad (CH: das Velo) 3. das Auto 4. der Bus 5. die Straßenbahn (CH: die Tram) 6. die U-Bahn 7. der Zug 8. das Taxi 9. das Schiff 10. die Fähre 11. das Flugzeug 12. der Hubschrauber

G2 1. kommst 2. fliege 3. da sein 4. bringen 5. fahren 6. wieder 7. fliege ... zurück 8. komme ... an 9. zu Hause 10. abholen 11. nehme 12. weg 13. nach Hause 14. gehen 15. Brauchst 16. nimmt ... mit 17. zu Fuß

G3 1. wo liegt – ich suche – wo ist 2. komme ich 3. Gibt es 4. brauche ich 5. links – recht – immer geradeaus 6. das weiß ich nicht – ich bin fremd hier – ich kenne mich hier nicht aus – ich bin nicht von hier

G4 1. a 2. c 3. d 4. e 5. f 6. b
7. g

G5 1. Weltkarte 2. verfahren –
Stadtplan 3. Nähe 4. schnellsten
– besten

G6 1. öffentlichen 2. Verkehrsmitteln
3. U-Bahn 4. Richtung 5. Haltestelle 6. umsteigen 7. aussteig-
en 8. beeilst 9. Verbindung
10. kriegst 11. Steig ... ein
12. verpasst 13. erst 14. hol ... ab

G7 1. d 2. f 3. c 4. e 5. b 6. g
7. a

G8 1. interessieren uns für 2. nehmen
... Platz 3. zentral 4. übernachten 5. empfehlen 6. gegenüber
7. anbieten 8. günstiger 9.
neben 10. Sparpreis 11. wohnen
12. Nächte 13. buchen 14.
Stadtrundfahrt 15. Besichtigung
16. Sehenswürdigkeiten 17.
Kreditkarte 18. Reiseunterlagen
19. Reiseführer 20. gute Reise

G9 1. Hotel 2. günstig 3.
Einzelzimmer 4. Doppelzimmer
5. Frühstücksbüfett 6. Vollpension
7. Halbpension 8. reservieren

G10 1. reserviert 2. wecken 3. stören
4. finde

G11 1. der Portier 2. das Zimmermäd-
chen 3. der Kellner 4. der Koch
5. der Barkeeper 6. die Reise-
leiterin 7. der Busfahrer 8. der
Schaffner 9. die Zugbegleiterin
10. die Stewardess 11. der Pilot
12. der Fluglotse 13. der Kapitän
14. der Matrose

G12 1. Gasthaus – Fremdenzimmer
2. Pension 3. Ferienwohnung –
zelten 4. Ferienanlage

G13 1. Flughafen 2. Flug 3. Start
4. Maschine 5. abfliegen

G14 1. Einsteigen – begeben ... sich –
Bordkarten 2. Aufruf – Passagier –
Check-in-Schalter 3. landen –
Sicherheitsgurte 4. geflogen –
Bord – bleiben ... sitzen

G15 1. Endstation – aussteigen
2. Bahnhof – Schalter 3. Gleis
4. Ankunft 5. fährt ... ab
6. Auskunft – verpasse – geht ...
nach

G16 1. pendelt – fährt – Zug
2. entwerten – gültig 3. Fahrplan
4. fährt ... ab 5. legt ... an

G17 1. Fahrkarte 2. Erste 3. Zweite
4. Einfach 5. Hin- und Rückfahrt
6. Verbindung 7. Hauptbahnhof
8. Rückfahrt 9. reservieren
10. Raucher 11. Fensterplatz
12. macht 13. Fahrschein
14. Wagen 15. Platz 16. Reise

G18 1. Ich muss noch die Koffer packen.
2. Kann ich hier mein Gepäck aufgeben? 3. Ich habe meinen Rucksack
im Abteil liegen lassen. 4. Kann
ich die Reisetasche bei der Gepäckaufbewahrung abgeben?
5. Er suchte seine Fahrkarte und
fand sie nicht.

G19 1. Grenze – Kontrollen 2. mitnehmen – Zoll bezahlen 3. einführen
4. wechseln 5. Papiere 6. Ausweis
7. Visum 8. gültig 9. Stempel
10. Führerschein (CH: Fahrausweis)

G20 1. Kurve – Fahrrad (CH: Velo) 2.
kommt – gelaufen 3. anschnallen
– Gurt 4. Leihwagen – zu Fuß

5. ausgebucht – Zimmer 6. Zelte –
Freien

5. halten   6. Parkplätze   7. Kreuzung – aussteigen   8. überholen
9. bremste   10. Werkstatt
11. parkte – Strafzettel (CH: Busse)
12. mieten

G21 1. abbiegen – Einbahnstraße
2. Verkehr   3. Schild (CH: Signal)
4. Stau   5. Umleitung – Nebenstraßen   6. Abfahrt – Autobahn
7. Unfall – Ampel – rufen
8. volltanken   9. Verkehrskontrolle
10. gesperrt   11. Strafe
12. stoppte – Geschwindigkeit

H.   Essen und Trinken

H1   1. b   2. f   3. e   4. c   5. a   6. d

H2   1. Guten Appetit!   2. Mahlzeit!
3. Zum Wohl!

H3   1. trinken   2. Essen   3. ernähren –
Süßigkeiten   4. Pausenbrot

H4   1. Mahlzeiten   2. Frühstück (CH:
Morgenessen)   3. Kaffee   4. Kakao
5. Vormittags   6. Mittagessen
7. Nudeln   8. Gemüse   9. Kantine
10. Nachmittag   11. Obst   12. Eis
13. Abendessen (CH: Nachtessen)
14. Wurst   15. Suppe

H5   1. der Apfel   2. die Banane
3. die Ananas   4. die Birne   5. die
Kirsche   6. die Kiwi   7. die Melone
8. die Orange / die Apfelsine
9. die Erdbeere   10. die Aprikose
(A: die Marille)   11. die Pflaume
(A: die Zwetschke)   12. die
Himbeere

H6   1. der Salat   2. die Tomate (A: der
Paradeiser)   3. die Karotte / die
Möhre (CH: das Rüebli)
4. die Kartoffel (A: der Erdapfel)

5. die Zwiebel   6. der Brokkoli
7. die Gurke   8. die Bohne (A: die
Fisole)   9. der Mais   10. der
Blumenkohl (A: der Karfiol)
11. der Paprika   12. der Kohlrabi

H7   1. Trauben   2. Bananen   3. Lauch,
Pilze (A: Schwammerl), Knoblauch

H8   1. Was darf es sein?   2. Sonst noch
etwas?   3. Und was kosten die
Erdbeeren?   4. Geben Sie mir bitte
zwei Schalen.   5. Das ist mir zu
teuer   6. Ja, danke.

H9   1. die Marmelade   2. das Ei   3. die
Nuss   4. die Sahne   5. der Fisch

H10 1. hungrig – Sandwich
2. Hauptspeise – magst – Fleisch
3. Dessert – Stück   4. Beilagen –
Reis – Pommes frites   5. Essen –
Spezialitäten

H11 1. sauer   2. weich – knusprig
3. bitter   4. scharf   5. kalt – warm
6. trocken   7. salzig – zäh   8. hart
9. fett   10. faulig

H12 1. der Braten – das Kotelett – das
Schnitzel – das Hackfleisch   2. der
Schinken – die Salami – das Wiener
Würstchen   3. das Huhn – die Ente
– die Gans – die Pute   4. der Senf
– das Ketchup – die Mayonnaise –
der Pfeffer

H13 1. frisch   2. reif – süß   3. roh
4. knackig – frisch   5. vegetarisch
6. kühl   7. heiß   8. lecker

H14 1. Milch   2. Getränke   3. Mineralwasser   4. Wasser   5. Tee
6. Cola   7. Orangensaft

H15 1. Alkohol   2. betrunken   3. Likör
4. Schnaps   5. Wein – Bier

H16 1. waschen 2. putzen 3. anbraten 4. kochen 5. schneiden
6. Pfanne 7. Reis 8. würzen
9. rühren 10. servieren

H17 1. gekochte 2. gebacken
3. gebraten 4. gegrillt

H18 1. Portion 2. Stück 3. Schachtel
4. Päckchen 5. Paket 6. Packung
7. Kasten / Kiste / Harass 8.
Flasche 9. Glas 10. Tasse
11. Schluck 12. Büchse / Dose
13. Becher 14. Tüte 15. Netz
16. Stück

H19 1. d 2. f 3. e 4. g 5. a 6. c
7. b

H20 1.
a) Herr Ober, wir möchten gerne
bestellen.
b) Ja gerne, was bekommen Sie?
c) Ich nehme den Schweinebraten
mit Knödeln und Krautsalat.
Könnte ich eine kleine Portion
bekommen?
d) Ja, selbstverständlich. Und Sie,
was möchten Sie?
e) Ich nehme das Wiener Schnitzel
mit Pommes und Salat.
2.
a) Haben Sie schon gewählt?
b) Ja, ich hätte gerne das
Tagesmenü.
c) Tut mir leid, das Tagesmenü ist
leider aus. Ich kann Ihnen aber
den Kalbsbraten empfehlen.
d) Okay, dann nehme ich den
Kalbsbraten und als Vorspeise
einen kleinen gemischten Salat.
e) Ja, gerne.
3.
a) Wir möchten bezahlen.
b) Ja, gerne. Zusammen oder
getrennt?
c) Zusammen.

d) Das macht zusammen 18,20.
e) Machen Sie 20.
f) Vielen Dank.

H21 1. das Messer 2. die Gabel 3. der
Löffel 4. die Weinflasche 5. das
Weinglas 6. die Kaffeekanne
7. die Kaffeetasse 8. die Untertasse 9. das Milchkännchen
10. die Zuckerdose 11. die Salatschüssel 12. der Suppenteller
13. der Fleischteller 14. der
Salzstreuer

I. Geschäfte und Einkaufen

I1 1. Supermarkt – Markt
2. Metzgerei (A: Fleischhauerei)
3. Bäckerei 4. Konditorei
5. Reformhaus – Naturkostladen
6. Apotheke 7. Kiosk (A: Trafik)
8. Geschäfte 9. Kaufhaus
10. Drogerie 11. Schreibwaren-
geschäft (CH: Papeterie)
12. Buchhandlung

I2 1. b 2. g 3. e 4. a 5. c 6. d
7. f

I3 1. Öffnungszeiten 2. durchgehend
geöffnet 3. Verkäufer 4. Kunden
5. kriegen 6. verkaufen
7. Garantie 8. bringe 9. Schaufenster 10. Plastiktüte 11. Preis
– Schlussverkauf 12. Hauptkasse
13. Rabatt 14. ausgeben

I4 1. ausverkauft – aus 2. ist gratis –
ist kostenlos – umsonst 3. sehr
günstig – billig – nicht teuer
4. steigen 5. eine Rechnung –
eine Quittung 6. kriegen – bekommen 7. preiswert – günstig

I5 1. Portemonnaie – leihen 2. Geld-
schein 3. Kleingeld 4. Währung –
Franken 5. Mark 6. Schilling
7. Münze 8. Banknoten 9. Kreditkarte – bar 10. Scheck 11. Bar-
geld 12. Überweisungsformular –
Gebühren

I6 1. das Kleid (CH: der Rock) 2. der
Rock (CH: der Jupe) 3. die Hose
4. der Anzug 5. das T-Shirt
6. die Krawatte 7. das Hemd
8. die Bluse 9. der Pullover
10. die Socken 11. der Mantel
12. die Mütze 13. der Schal
14. die Handschuhe

I7 1. Jeans 2. Kostüm 3. Jackett
4. Nachthemden 5. Gummistiefel –
Matschhose 6. Badehose – Bikini
7. Uniform 8. Unterwäsche

I8 1. Nadel – Faden 2. Knöpfe
3. Leder 4. Wolle 5. Baumwolle

I9 1. chic – schön – hübsch
2. schmutzig – dreckig
3. altmodisch 4. kurzes – langes
– elegantes

I10 1. steht 2. passt – Nummer
3. Kabine 4. trägt 5. umziehen
6. anziehen

I11 1. Schmuck – Kette 2. Uhr
3. Modeschmuck 4. Silber
5. Ohrringe 6. Haarspange
7. Armband

I12 1. die Suppenschüssel 2. der
Kochlöffel 3. der Schraubenzieher
4. der Flaschenöffner 5. die Schere

J. Post, Bank und Polizei

J1 1. der Briefumschlag (A: das Kuvert,
CH: das Couvert) 2. der Absender
3. die Postleitzahl 4. die Brief-
marke 5. die Adresse 6. die
Ansichtskarte 7. das Päckchen
8. das Paket 9. der Briefkasten
10. der Briefträger (CH: der Pöstler)
11. die Telefonzelle (CH: die
Telefonkabine) 12. das Handy
13. die Telefonkarte (CH: die Tax-
card) 14. das Telefonbuch

J2 1. abholen – Abholschein 2. Auf-
kleber 3. aufgeben 4. schicken –
schwer – Kilogramm – Formular
5. Paketschein 6. bekommen –
kriegen – Schalter 7. ausfüllen
8. erhalten – Express-Sendung
9. Postleitzahl – Postfach
10. frankieren – Porto

J3 1. klingelt 2. anrufen – besetzt
3. auszuschalten – läutete
4. Faxnummer – Mail 5. Telefonnummer – wählen – Ausland
6. Spreche ... mit – sich verwählt
7. Verbindung 8. erreichen
9. auflegen 10. Anrufbeantworter
– Nachricht – rufe ... zurück

J4 1. überweisen – einzahlen
2. abheben 3. eröffnen – überziehen – haben 4. einlösen – ausstellen 5. abzahlen – bekommen

J5 1. Kreditkarte 2. Geld 3. Geheim-
nummer 4. bezahlt 5. abheben
6. eingegeben 7. EC-Karte

J6 1. Zinsen 2. Kontonummer –
Rechnung 3. Schalter 4. Konto-
auszüge 5. im Minus 6. Dauer-
auftrag 7. Kredite – steigen

1. Verkehr 2. Polizei (A: Gendar-
merie) 3. Polizistin 4. parken
(CH: parkieren) – Parkverbot
5. Anzeige

K. Arbeit und Beruf

K1 1. die Hausfrau 2. die Program-
miererin 3. der Automechaniker
4. der Kaufmann 5. der Bauarbei-
ter 6. die Arzthelferin 7. der
Maler 8. der Landwirt 9. die
Polizistin

K2 1. Feuerwehrmann 2. Raumpflege-
rin, 3. Lehrer, 4. Verkäufer,
5. Gärtner, 6. Bäcker, 7. Stewardess,
8. Friseurin (CH: die Coiffeuse)

K3 1. Pilot / Pilotin – Busfahrer /
Busfahrerin – Taxifahrer / Taxifahrerin
2. Arzt / Ärztin – Apotheker /
Apothekerin – Krankenschwester /
Krankenpfleger 3. Florist / Floristin
– Metzger / Metzgerin (A: Fleisch-
hauer / -in) 4. Elektriker / Elektri-
kerin – Installateur / Installateurin
– Architekt / Architektin
5. Kellner / Kellnerin – Küchenhelfer
/ Küchenhelferin – Koch / Köchin
6. Richter / Richterin – Erzieher /
Erzieherin – Lehrer / Lehrerin

K4 1. arbeitet ... als 2. Stelle –
selbstständig 3. Beamte 4. Job
5. Arbeitsplatz 6. Angestellte

K5 1. langweilig 2. anstrengend
3. angenehm 4. gefährlich
5. geistig arbeiten

K6 1. machen – Aufgaben – Bereich
2. Organisation 3. Buchhaltung
4. verkauft 5. leitet 6. Projekt
7. Sitzung 8. entwickelt
9. Verantwortung 10. Stress

K7 1. Arbeitsplatz 2. Betrieb
3. Werkstatt 4. Firma 5. Fabrik

K8 1. die Schreibmaschine 2. die
Büroklammer 3. der Stempel
4. das Papier 5. das Faxgerät
6. der Radiergummi

K9 1. Gewerkschaften – Streik – fordern
2. verhandeln – Gehaltserhöhungen
3. streikten 4. Überstunden
5. Stundenlohn 6. verdienen
7. sinken 8. steigen

K10 1. suchen – Auszubildende –
Bewerbung – Gehaltsvorstellung
2. Praktikum 3. Vollzeit – schrift-
lich

K11 1. Stelle – finden 2. wechseln
3. bewerbe mich um 4. gekündigt
5. arbeitslos 6. sich ... vorstellen

K12 1. einschalten – ausschalten –
hochfahren 2. mailen – ausdrucken
3. speichern – kopieren – öffnen
4. einlegen – brennen 5. anlegen

K13 1. Bildschirm 2. Tastatur 3. Maus
4. CD-ROM 5. Modem 6. Netz
7. E-Mail-Adresse 8. Internetadresse

L. Ausbildung und Unterricht

L1 1. besuchen 2. Kindergarten
3. Kinderkrippen 4. Grundschule
5. Primarschule 6. Hauptschule
7. Gymnasium 8. Klasse 9. Lehre
10. Realschule 11. Abitur
12. Universität

L2 1. Ferien 2. Hausaufgaben
3. Schultüte 4. Pausen 5. Direk-
tor – Direktorin 6. Klassenzimmer
7. Unterricht 8. Aufgaben
9. Übung 10. Hausmeister (CH:
Abwart)

L3 1. die Schüler   2. die Schülerinnen
3. die Klassen   4. die Schulausflüge
5. die Teilnehmer   6. die Klassen-
fahrten

L4 1. bist in   2. aufgepasst   3. merken
4. angemeldet   5. lernen – schreiben – rechnen   6. Erklärst
7. gebastelt – gesungen
8. abschreiben

L5 1. Deutsch   2. Mathematik
3. Heimat- und Sachkundeunterricht
4. Werken/Textiles Gestalten
5. Musikerziehung   6. Sporterzieh-
ung   7. Religionsunterricht – Ethik

L6 1. Unterricht   2. erklärt   3. Bei-
spiel   4. meldet sich   5. geschrieben   6. radiert   7. Diktat
8. Lehrer   9. großgeschrieben
10. Wundert sich

L7 1. Probe   2. bereitet sich ... vor
3. Klassenarbeit   4. Test
5. schriftlichen – mündlichen
6. verbessern   7. lösen   8. Frage
9. Prüfung   10. erreicht
11. Resultat   12. bekommen
13. Punkt   14. Lösung

L8 1. schlecht   2. gut   3. weiß ich
4. fragen   5. verwendet

L9 1. verstanden – wiederholen
2. erklären   3. sprechen
4. bedeutet   5. buchstabieren
6. Wörterbuch

L10 1. schreiben   2. hörte ... zu
3. reden   4. aussprechen
5. lesen   6. übersetzen
7. nennen   8. zusammenfassen
9. meine   10. Kommunikation

L11 1. der Text   2. das Alphabet
3. die Redewendung   4. der
Singular   5. maskulin

L12 1. die Verwendung   2. die Begrün-
dung   2. das Wissen   4. die
Verbesserung   5. die Korrektur
6. der Buchstabe   7. die Zusam-
menfassung   8. die Formulierung

L13 1. Muttersprache   2. Dialekt
3. Akzent   4. Fremdsprache
5. Zweitsprache

L14 1. Studiengang – Notendurchschnitt
2. sich einschreiben (A: sich inskribieren)   3. Universität – studiert
4. Semester   5. abgeschlossen
6. Professor   7. Vorlesungen
8. Seminar   9. Kommilitonin
10. ablegen   11. durchgefallen
12. promovieren

L15 1. der Stift   2. die Schere   3. das
Heft   4. das Lineal   5. der Radiergummi   6. das Federmäppchen
(A: das Federpennal / CH: das Etui)
7. die Schultasche   8. das Buch
9. der Wasserfarbkasten   10. der
Block   11. der Füller   12. der Spitzer

L16 1. Overheadprojektor   2. Bleistift
3. Tintenkiller   4. Rucksack
5. Kugelschreiber   6. Holzfarbstifte
7. Block – Ordner – Schnellhefter
8. Farben – Borstenpinsel   9. Klebe-
stift   10. Hausschuhe – Turnbeutel

M.   Freizeit und Unterhaltung

M1 1. jogge – lese – fahre – fotografie-
re – koche   2. treffe mich – spielen
Fußball – schwimmen – chatte –
höre gerne Musik – gehe

M2 1. fernsehen   2. wandern
3. Karten spielen   4. Ski fahren
5. shoppen gehen   6. ins Theater
gehen   7. Tennis spielen   8. spa-
zieren gehen   9. Fußball spielen

M3 1. Freizeit 2. habe ... frei
3. Feiertag 4. Ferien
5. Wochenende 6. Urlaub

M4 1. malen 2. zeichnet 3. basteln
4. Foto 5. Film – Digitalkamera –
Batterien 6. entwickeln

M5 1. spielen 2. Glück 3. Ball
4. Spielzeug 5. Computerspiele

M6 1. Instrument 2. Saxofon
3. Flügel 4. Geige 5. Gitarre
6. Orchester – Trompeten
7. Konzert – Musik 8. Lied

M7 1. findet statt – fällt aus – ist gut
besucht 2. im Vorverkauf – an der
Abendkasse 3. bestellen – kaufen
– reservieren 4. geschlossen – zu

M8 1. Mannschaft 2. Spiel – Tor
3. Trainer 4. Stadion 5. Verein –
trainieren 6. Sportplatz

M9 1. Eintrittskarten 2. frei
3. Garderobe 4. Platz 5. Toiletten
6. klatschte

M10 1. Schauspieler 2. Regisseure
3. Film – Kino 4. anschauen
5. Hauptdarsteller 6. DVD

M11 1. a. damit er den Ball besser fangen kann 2. c. die Zuschauer beim
Spiel zu Hause 3. c. das Auto wird
betankt 4. b. wenn Schnee liegt

M12 1. Elfmeter 2. Surfen – Segeln –
Rudern 3. Golfen – Tauchen –
Klettern 4. wandern

N. Freundschaft und Kontakte

N1 1. Kollegin 2. Beziehungen
3. Kontakt 4. kennengelernt
5. getroffen 6. persönlich
7. zusammen 8. vertrauen
9. gefällt 10. duzen 11. sagt ...
Du 12. sagt ... Sie 13. mag
14. Team

N2 1. geschieden 2. schlafen ... mit –
Beziehung 3. Ehepartner 4. Sex
5. hab ... lieb 6. streichelte –
zärtlich

N3 1. sich ... scheiden lassen
2. streitet ... sich 3. lügst
4. sich ... getrennt 5. beleidigt
6. diskutieren

N4 1. d 2. c 3. g 4. f 5. b 6. e
7. a

N5 1. Herzlich willkommen 2. Einladung 3. Besuch 4. Gäste
5. Gehst ... zu 6. mitbringen

N6 1. anbieten 2. einladen 3. unter-
halten 4. sprechen 5. erzählen
6. reden 7. diskutieren

N7 1. antworten 2. danken 3. Brief
4. Post 5. ein Kuvert (CH: Couvert)

N8 1. Mitglieder 2. Verein 3. Vereins-
heim 4. Versammlung 5. Klub
6. Treffen 7. Trainer 8. Spenden

0. Politik und Gesellschaft

01 1. Nachrichten – Unglück
2. gefährlich 3. ernst 4. aktuellen 5. Schlagzeile – Katastrophen

02 1. suchen – finden 2. wollen – fordern – verlangen 3. lösen
4. machen – beschließen – verhindern

03 1. Mitglied 2. Organisation
3. Frieden 4. Konflikte
5. Lösungen 6. Krieg 7. lösen
8. schickt 9. Soldaten
10. kämpfen 11. Streit

04 1. kritisieren 2. protestieren
3. loben 4. demonstrieren
5. streiken 6. reformieren
7. regieren 8. wählen

05 1. d) 2. a) 3. e) 4. f) 5. g)
6. b) 7. c)

06 1. Königin 2. Regierung
3. Außenminister 4. Innenminister
5. Parlament 6. Bundeskanzlerin
7. Gesetz – berät 8. stimmt ... ab
– Mehrheit – zustimmen
9. Parteien – CDU – CSU – SPD –
FDP 10. Bundespräsident

07 1. Wirtschaft 2. Waren 3. pleitegehen 4. entlassen 5. Arbeiter
6. verdienen 7. Fabrik 8. Lohn
9. Gewinn 10. produziert

08 1. der Verlust 2. der Import
3. importieren 4. die Preise fallen
5. der Handel wird abnehmen
6. reich

deutsch üben

www.hueber.de

Hueber Freude an Sprach